こどもと読む東洋哲学

易《えき》経《きょう》

陽《よう》の巻

夢をもつってどういうこと？

竹村亞希子
都築佳つ良

新泉社

易経《えききょう》　陽《よう》の巻《まき》

～夢をもつってどういうこと～

竹村亞希子
都築佳つ良

もくじ

第三部　夢を育てるために　181

登場人物

ゴロさん（大地《だいち》雷蔵《らいぞう》）

天野《あまの》乾太《けんた》

龍《りゅう》の国の王様

お母さん（天野時《とき》子《こ》）
お父さん（天野孚《まこと》）
おじいちゃん（天野龍《たつ》之《の》助《すけ》）
弟（天野坤《こん》太《た》）

内《うち》野《の》　剛《つよし》
秋本《あきもと》かなえ
田《た》中《なか》　純《じゅん》
宮崎《みやざき》明人《あきひと》
川《かわ》田《だ》晴孝《はるたか》

イラスト：黒崎　玄
装丁・本文デザイン・ＤＴＰ：モリサキデザイン

第一部　龍《りゅう》の国の王様があらわれた！

1 龍《りゅう》ってどんないきものなの？

「夢《ゆめ》は大きく、はっきりと思いえがくことが大切なんだ」

これは龍《りゅう》の国の王様に教《おそ》わったことだ。

王様は、ぼくに夢をもつことを教《おし》えてくれた……。


夏休みが始《はじ》まったばかりの七月のある日、ぼくは宿題《しゅくだい》で出た「将来《しょうらい》の夢」という作文がどうしても書けなくてなやんでいた。

ぼくはまだ将来なにになりたいか、どんな仕事をしたいのか、はっきり決《き》まっていない。

なぜ、おとなは夢をもちなさいって言うんだろう？

疑問《ぎもん》がわいてきて、ますますわからなくなっちゃった。

「そうだ！　あの本を開《ひら》いてみよう」

ぼくはそのとき、おじいちゃんからもらった古い本のことを思い出した。

おじいちゃんは「困《こま》ったときは、この本を開いてごらん」と言って、ずっしりと重《おも》くてぶあつい本をぼくにくれた。

その本は「易経《えききょう》」といって、おじいちゃんが言うには五千年前に書かれた本だって。五千年なんてどのくらい前なのか、想像《そうぞう》もつかない。

ぼくは、本棚《ほんだな》からその本をとりだして、フーフーと息《いき》をふきかけてほこりをはらった。

「夢をもつってどういうこと？　困《こま》っています。教《おし》えてください」

と、本にかたりかけながら開《ひら》いてみたけど……。むずかしい漢字や記号《きごう》ばかり書いてあって、なにが書いてあるのかさっぱりわからなかった。

「わー、とても読めないや、目がまわりそう」

そのうちねむくなってきて、フア～ア、と大きなあくびが出た……。

2

目を開《あ》けたとき、ぼくはもくもくした雲《くも》のベッドの上にいた。

「あれれ？」

おきあがってみると、雲のベッドと思ったのは、長いからだをした怪獣《かいじゅう》のかたちの雲だった。すると、怪獣の雲は生きているみたいにゆっくりとからだをくねらせ、ぎろりとした目でこちらをにらんだ。頭《あたま》には角《つの》、口は耳までさけて、長いひげがはえていた。

「わーっ！」

ぼくはびっくりして、雲から落《お》ちてドン！　としりもちをついた。いてて！　それと同時《どうじ》に怪獣《かいじゅう》の雲がパッと消《き》えて、今度《こんど》はりっぱな着物《きもの》を着《き》たおじいさんがぼくの目の前にあらわれたんだ。

「やあ、やあ！　お困《こま》りのようじゃな」

「あなたは、だれ？」

「オッホン、はじめまして。わしは大昔《おおむかし》から来た王である」

そう言って、にっこり笑《わら》っておじぎをした。たしかに頭には王様の冠《かんむり》をかぶっているし、どうどうとしてやさしそうだ。ぼくもあわてておじぎをしてあいさつした。

「は、はじめまして……。ぼくは、乾太《けんた》と言います。あの、大昔の王様がどうしてここにいるんですか？」

「乾太《けんた》にはまだこの本を読むのはむずかしいだろうと思ってな、教《おし》えに来たのじゃ」

王様は、ぼくが手にもっている易経《えききょう》の本を指《ゆび》さした。

「はい、ぜんぜんわかりませんでした」

「なにか困《こま》ったことがあるなら、わしに話してごらん」

そう言って、王様は、なんでも聞いてくれそうな大きな耳をぼくのほうにかたむけた。

ぼくは思いきって聞いてみた。

「『将来の夢』っていう作文を書くことになったんですけど、ぼくはまだ、なにになりたいかも決《き》まっていないんです。夢をもつってどういうことですか？」

「ほう、ほう、そうか。それなら、夢についてわが国に学《まな》びに来るといい」

「王様はどこの国から来たんですか？」

「これを見てごらん」

王様はぼくに顔《かお》を近づけて、冠《かんむり》のまんなかを指《ゆび》さした。さっき見た雲と同じ怪獣《かいじゅう》の絵が書いてあった。

「あっ！　これは龍《りゅう》……？」

さっきはびっくりしてわからなかったけれど、おじいちゃんの部屋にかざってある絵と同じだったからすぐにわかった。

「そう、わしはこの本のなかに書いてある龍の国から来たのじゃ。さあ、おいで、わが国へ案内《あんない》しよう」

王様がおいでおいでと手まねきすると、もっていた本が生きているみたいに開《ひら》いて、なかからもくもくした雲がわきだしてきた。ぼくは雲のなかに入っていった。

3

これから行く龍《りゅう》の国ってどんなところなんだろう。龍がすんでいるのかな？

王様にいろいろ聞いてみようとしたけれど、きっととてもえらい王様なんだろう、ぼくはこんなにりっぱな人に会ったのは初《はじ》めてだ。そう思ったらなんて聞いていいのかわからなくなった。

「あの、王様……、えっと……」

「ん？　どうしたのじゃ？　そんなにかたくなることはないぞ。わしを乾太《けんた》のおじいさんだと思って、なんでも遠慮《えんりょ》なく聞きなさい」

王様はにっこり笑《わら》って、ぼくの肩《かた》に手をまわした。肩の力がふっとぬける気がした。

「はい！　あの、王様、龍ってドラゴンのことでしょう？　本で読んだことがあるよ。ドラゴンは口から火をふいて、あばれて悪《わる》さをするんですよね？」

「ははあ、きっとそれはヨーロッパの本の話じゃな。火をふいてあばれる〝ドラゴン〟と、日本や中国《ちゅうごく》、台湾《たいわん》につたわる〝龍《りゅう》〟はちょっとちがう。龍もたしかに怒《おこ》るとこわいぞ。だが、めったに怒らないし、悪さはしない」

「どうちがうんですか？」

「龍は、人びとをしあわせにするおめでたい生きものなんだ」

「龍がどうやって人をしあわせにするの？」

「龍は天にのぼって雲を呼《よ》び、大地にめぐみの雨をふらせ、人間や動物、植物を元気に育てる。人間は水がないと生きていけないだろう？　水がないと動物も植物も育たない。龍はわれわれが元気に生きるために大切な水をもたらしてくれる」

「すごいな！　だけど動物園では見たことないけど……」

「たしかに動物園にはいないのう。だが龍の絵やかざりものは見たことがあるだろう？」

うん、とぼくはうなずいた。

「おじいちゃんの部屋に龍の絵がかざってあります。あっ、そういえば、近くの神社《じんじゃ》の手を洗《あら》うところには龍のかざりものがあって、龍の口から水が出ているよ！」

「そうか、そうか。龍は水の神様としてもあがめられているからな。

じつは、龍は想像上《そうぞうじょう》の生きもので、乾太《けんた》がすんでいる世界には存在《そんざい》しないのじゃよ」

「えっ！　いないの？」

「龍は人びとの心のなかにいる生きものでな、心のなかにいて、夢をもつこと、夢のかなえかたも教《おし》えてくれる」

「夢をもつことと龍がどうしてかんけいあるの？」

「それは龍の国についてから、ゆっくり話そう。さあ、わしの背中《せなか》に乗《の》りなさい」

そう言うと王様はぼくに背中をむけた。すると王様の前がパッと開《ひら》けてトンネルがあらわれた。王様の背中につかまると、雲《くも》のトンネルはぐるぐるまわって、うずまきになった。

そして、ぼくと王様は、ものすごいスピードで雲のうずにすいこまれた。

あれ？　いっしゅん、王様が龍に見えたような気がして、ぼくはあわてて目をこすった。

夢をもってどういうこと？（潜龍《せんりゅう》）

1

「始《はじ》めに夢《ゆめ》のたまごを見に行こう」

雲のうずのなかで王様が言った。

「夢のたまご？」

気づくと雲のトンネルはいつのまにか、水のトンネルに変わっていた。

「もしかして、ここは水のなか？」

「そうだ。これから水の底《そこ》まで行くからな」

水のトンネルはだんだん暗《くら》くなって、ついにはなにも見えなくなった。

「さあ、ついた、ついた。ここは淵《ふち》というところじゃ。灯《あか》りをつけよう」

王様は大きな懐中電灯《かいちゅうでんとう》をつけてあたりを照《て》らした。そこはしんと静《しず》まったみずうみの底のようだった。澄《す》んだ水はつめたそうで、岩《いわ》がごろごろしていた。

大きな岩のかげでなにかがうずくまっていた。目をこらして見ると、

「あっ！　龍がいる！」

岩かげに龍が長いからだをくるっとちぢめて小さくなっていた。

「あれは『潜龍《せんりゅう》』といって、深《ふか》い水のなかに潜《ひそ》みかくれている龍じゃ」

でも、こんなに暗《くら》いところにいる潜龍《せんりゅう》って、なんだか弱《よわ》そうでかわいそうだなとぼくは思った。

でも、よく見ると、潜龍《せんりゅう》は目を閉《と》じてからだをちぢめているけれど、顔《かお》はちょっとほほえんでいるように見えた。なぜだろう？

「どうしてこんなにさびしいところにかくれているの？　龍って空《そら》を飛《と》ぶんですよね？」

「潜龍《せんりゅう》は龍といっても、まだ力《ちから》がなくて空を飛べないのじゃ。明るい地上《ちじょう》に出ていく力もなく、もちろん雨をふらせる力もない」

そのうちに、潜龍《せんりゅう》のまわりに小さな魚がたくさん集《あつ》まってきて、からかうようにツンツンとからだを突《つ》っつきはじめた。潜龍《せんりゅう》はすこし迷惑《めいわく》そうにからだをよじったけれど、追《お》いはらうこともしないで、またじっと身《み》をかたくちぢめた。

「じゃ、ここでいじけて寝《ね》ているんですか？」

「いや、いじけているわけじゃない。ほら、なにか抱《だ》いておるだろう？」

そう言われてよく見ると、潜龍《せんりゅう》は胸《むね》のあたりになにか丸《まる》い玉のようなものを大事《だいじ》そうに抱《だ》いていた。魚たちに突《つ》っつかれてもじっとしているのは、その玉《たま》を守《まも》っているからみたいだ。

丸い玉はうすぼんやりと光って、潜龍《せんりゅう》の呼吸《こきゅう》に合わせるように、ゆっくりと光が強《つよ》くなったり、弱《よわ》くなったりしている。

「あっ、もしかして、あれが夢のたまご？」

「そのとおり！　潜龍《せんりゅう》はいつか強くたくましい龍となって空を飛び、大地に雨をふらせるという大きな夢を育てているのじゃ」

2

「ぼくも夢をもったら、夢のたまごをもてるのかなあ？」

「もちろん。たとえば、コックになりたいと思《おも》ってがんばっている人はコックのたまご、医者《いしゃ》をめざして勉強《べんきょう》している人は医者のたまごというだろう？　みんな最初は、夢のたまごを胸《むね》に抱《いだ》いて育てることから始《はじ》まるものだ」

「でも……、こんなに真《ま》っ暗《くら》でなにも見えないところにいるのはいやだなあ」

こんなところでじっとちぢこまっているなんて、ぼくにはとてもたえられそうにない。

「じつはな、大きな夢というのはまだ力が弱いときに、じっと潜《ひそ》みかくれるようにして育てるものなのだ。だからこのさびしい淵《ふち》は夢をえがくにはいちばんいい場所《ばしょ》と言える」

「もし潜龍《せんりゅう》が外《そと》の明《あか》るい場所《ばしょ》に出たらどうなりますか？」

「まだ、たまごが育たないうちは出ていってはならぬ。外に出てもなにもできず、だれにも相手《あいて》にされず、かんたんに夢はやぶれてしまうだろう。だからここで、しっかりと夢を育てることが大切《たいせつ》なのじゃ」

「ぼくは夢のたまごを育てられるかな。成績《せいせき》もあんまりよくないし、才能《さいのう》もないから」

ぼくはとっても小さな声《こえ》でつぶやいたけれど、王様の大きな耳には届《とど》いたようだ。王様はぼくをはげますように頭《あたま》をやさしくなでた。

「まだなにもできないときに『りっぱな龍になるぞ』と、こころざすから夢と言うのじゃ」

「こころざすって、どういうことですか？」

「夢をかならず実現《じつげん》するぞ、あきらめないぞ、と心に決めることだ。乾太《けんた》もきっと夢のたまごをもてるぞ」

王様はぼくの目を見て、大きくうなずきながらほほえんだ。

「王様、ぼくにとって大きな夢《ゆめ》ってどんなこと？　たとえば、大金持《おおがねも》ちになるって夢はへんですか？　お金があればほしいものが買《か》えるし、好《す》きなところにも行ける！」

そう言ったら、王様はすこし眉《まゆ》をひそめて、悲《かな》しげな顔をした。

「それは広い家にすんで、かっこいい車に乗って、ってことかい？　ふむ、それも悪くはない。しかし、夢には大きい夢と小さい夢があって、大金持ちになるという夢は、大きいようで、じつは小さい夢なんじゃ」

「どうしてですか？」

「大金持ちになって自分《じぶん》だけしあわせならいいのかね？」

「うーん……」

たしかに、それはちょっとちがうかなと思った。潜龍《せんりゅう》を見ると、夢のたまごを抱《かか》えて、じっとしている。いつか大空《おおぞら》を飛《と》んで人びとをしあわせにする夢を見ているのかな。

「大きな夢はどうやって育てたらいいんですか？」

「できるかぎり大きく、まるで実現《じつげん》したかのようにはっきりと夢を思いえがくこと。そして、かな

らず実現《じつげん》すると信《しん》じることじゃ」

「潜龍《せんりゅう》はどのくらいここにいなくちゃならないの？」

「龍は千年のあいだ、潜《ひそ》みかくれて力をやしなう」

「えーっ！　せ、せんねんも！　ぼくにはできないや！」

王様はびっくりしているぼくを見て大笑《おおわら》いした。

「ワッ、ハッ、ハッ！　大きな夢はそのくらいじっくり育てるという意味《いみ》じゃ」

夢をかなえるために、なにから始《はじ》めたらいい？（見龍《けんりゅう》）

1

「王様、潜龍《せんりゅう》が夢《ゆめ》を育てたら、夢がかなうんですか？」

「いや、まだまだだ。それでは、潜龍《せんりゅう》が地上《ちじょう》に出るところを見に行こう」

ぼくたちは暗《くら》い水のトンネルをとおって、また同じ淵《ふち》にもどってきた。どうやら、少し将来《しょうらい》にタイムスリップしたみたいだ。

王様は淵《ふち》のおくのほうを懐中電灯《かいちゅうでんとう》で照《て》らした。潜龍《せんりゅう》がゆっくりと首《くび》をもたげ、うす目を開《あ》けてこちらを見た。

「おお、だいぶ龍らしくなってきたな。夢のたまごも育って、目も開いてきたようじゃ。見ていてごらん」

王様が灯《あか》りを消《け》した。すると、潜龍《せんりゅう》が抱《だ》いていた夢のたまごが光になって、胸《むね》のなかにすいこまれていった。そして、うっすら開《あ》いた潜龍《せんりゅう》の目は光をはなって、まっくらやみのなかできらり、きらりと光っていた。

「この光が地上《ちじょう》にまでとどくんだ。夢が育ったよ、という合図《あいず》だ」

すると潜龍《せんりゅう》はゆっくりと、水面《すいめん》に向《む》かって泳《およ》ぎだした。

「わしらも地上に出よう」


ぼくと王様は水のトンネルをあがって、地上に出てきた。

「ここは、どこ？」

暗いところから急《きゅう》に明るいところへ出てきて、ぼくは目がくらんでくらくらした。

「ようこそ！　ここがわが龍の国じゃ！」

王様は両手《りょうて》を広げて迎《むか》えてくれた。

目がなれてきてあたりを見ると、そこは、広い平野《へいや》の田んぼだった。

すると、田んぼの水がみるみるもりあがってきて、ザッバーン！　と水のなかから龍があらわれたんだ。

「わー！　潜龍《せんりゅう》も出てきた！」

四本の足で立ってはいるけれど、なんだかねぼけまなこでふらふらしている。ぼくと同じで目がくらんでいるみたいだ。

「あれはもう潜龍《せんりゅう》ではなく、見龍《けんりゅう》になったのじゃ。目が見えるようになって、人からも見られるようになった龍だからそう呼《よ》んでおる」

見龍《けんりゅう》は大きな目をパッチリ開《ひら》いて、こちらをじっと見ていた。

「なんだかかわいいな。見龍《けんりゅう》はまだこどもの龍なんだ」

ぼくが田んぼのあぜ道《みち》を歩《ある》きだしたら、見龍《けんりゅう》はぼくのあとをついて歩きだした。ぼくが止まると見龍《けんりゅう》も止《と》まる。あれあれ？

「ワッハッハ！　もうまねしておる。見龍《けんりゅう》は見たものを見たままに、見よう見まねする龍なのじゃ」

2

「どうして見龍《けんりゅう》は田んぼに出てきたのかな？」

「この田んぼは龍が夢をかなえるための勉強を始《はじ》めるところだ」

「どうやって勉強するの？　教《おし》えてくれる先生がいるんですか？」

そのとき、むこうの空から大きな雨雲《あまぐも》がぐんぐん近づいてきて、雨がふりだした。

「さあ、龍の王がやってきたぞ！」

「え！　龍の王様？」

見上げると、雨雲《あまぐも》のなかからニョキッと大きな足が出てきた。五本の指《ゆび》にはするどい爪《つめ》がついている。雲にかくれてよく見えないけれど、うろこにおおわれた長くて太《ふと》い胴体《どうたい》もチラリと見えた。

王様は高く手をふって龍の王様にあいさつした。すると、雲のなかでギロリとした目が光ったと思ったら、巨大《きょだい》な龍が雲のあいまから姿《すがた》をあらわした。

「わーっ、すごい！　かっこいいなあ！」

見龍《けんりゅう》も空を見上げて、ピョンピョン飛《と》びはねてはしゃいでいる。でも、龍の王様はあっというまに、頭を雲のなかにかくしてしまった。

「あれは空を飛ぶ龍と書いて、飛龍《ひりゅう》という。雲を呼《よ》び、雨をふらせる龍の王だ」

「潜龍《せんりゅう》が淵《ふち》でえがいたりっぱな龍になる夢って、あの飛龍《ひりゅう》になることだったんだ！」

「そうだ。そして飛龍《ひりゅう》が見龍《けんりゅう》の先生なのじゃ」

気がつくと見龍《けんりゅう》は飛龍《ひりゅう》を追《お》いかけて、遠《とお》くの田んぼまで行っていた。

飛龍《ひりゅう》はときどき雲のなかから、追いかけてくる見龍《けんりゅう》を見ていた。見龍《けんりゅう》は、「教《おし》えて！　教えて！」って言っているように何度《なんど》も飛びはねている。

「見龍《けんりゅう》は、飛龍《ひりゅう》にお願《ねが》いしているんですか？」

「うむ、いっしょうけんめいたのんでおるのう。なにかを知《し》りたい、勉強したいなら、まず『教《おし》えてください』とお願《ねが》いすることが大事《だいじ》なのじゃ」

そう言いながら王様は見龍《けんりゅう》のようすを見守《みまも》っていた。

3

やがて、飛龍《ひりゅう》は雲をしたがえて、ゆっくりと田んぼにおりてきた。

「あ、飛龍《ひりゅう》がおりてきた！」

「どうやら願《ねが》いを聞きいれてもらえたようじゃ」

すると、飛龍《ひりゅう》はからだをくねらせ泳《およ》ぐように土をほって、水のとおり道になる小川をつくり、ふらせた雨を田んぼに流《なが》したんだ。

それを見ていた見龍《けんりゅう》はうれしそうにまねをして、何度もそれをくりかえした。

「飛《と》ぶ練習《れんしゅう》はしないんですか？」

ぼくはすぐに飛ぶ練習をするのかと思っていたから、ちょっとがっかりした。

「それは、まだまだ。見龍《けんりゅう》がいきなり飛ぶ練習をしたらケガをしてしまうからな。見龍は教《おし》えられたことをよくよく見て、ただまねするだけじゃ」

「まねするだけ……ですか？」

「そう、見習《みなら》うことが大事《だいじ》なのだ。わしも見よう見まねしていろんなことを学んだぞ。学び始《はじ》めは先生そっくりにできるようになるまで何度も練習したものだ」

「え、王様も見龍《けんりゅう》みたいにまねしたんですか？」

「もちろん。わしが前の王様である父に、初《はじ》めに教《おそ》わったのは、あいさつのしかただった。国の民《たみ》や、よその国のお客《きゃく》さんに、きちんとしたおじぎができるようになるまで父を見て、ひたすらまねたのだ」

「どうして初めにあいさつだったんだろう？」

「あいさつができない王様がいたらどう思うかね？」

ぼくはそんな王様を想像《そうぞう》してみた。

「うーん、きっと、その王様を好《す》きになれないと思う」

「そうだろう。まごころをこめたあいさつは国王になるための基本《きほん》なのじゃ」

基本ってなんだろう？　ぼくが首《くび》をひねったら王様が答《こた》えてくれた。

「基本とはな、ものごとが上手《じょうず》になったり、成長《せいちょう》していくためのもとになるものだ」

4

見龍《けんりゅう》は、飛龍《ひりゅう》のまねを何度《なんど》もくりかえすうちに、小川をつくって田んぼに水をとおすことができるようになった。田んぼで働いていた龍の国の人びとはそれを見てよろこんだ。そして、ぼくらがいる田んぼにも水が流れてきた。

飛龍《ひりゅう》は長い爪《つめ》のついた指で見龍《けんりゅう》の頭をちょんとさわって、できたことをほめている。見龍《けんりゅう》はくるくるまわって、うれしそうだ。

「ちゃんとまねをしたから、すごく上手《じょうず》になったね」

「大切なのは『教《おし》えてください』とお願いしたら、先生をよく見て、聞いて、教えられたとおりやること。それはいやだ、できない、もっとこうしたいなどと言っていたら、なにも学べないのじゃよ」

そうか、先生のまねをするって大切なことなんだ……。

がんばるってどういうこと？（乾《けん》惕《てき》）

1

「まねをできるようになったら次はなにをするんですか？」

「では、成長《せいちょう》した見龍《けんりゅう》を見にタイムスリップしよう」

今度《こんど》はどんなところに行くんだろう？　楽《たの》しみだった。

でも……、ついたところは同じ水田《すいでん》だったんだ。

「ここは見龍《けんりゅう》がいる田んぼでしょう？」

「ほら、あそこに成長した見龍《けんりゅう》がおるぞ」

龍は、飛龍《ひりゅう》に教《おそ》わったとおりにスイスイと小川をつくって、あちこちの田んぼに水を運《はこ》んでいた。ちょっととくいげな顔《かお》をしていた。

「わあ、上手《じょうず》に水を運んでいる！」

「うまくなっただろう？　先《さき》ほどの見龍《けんりゅう》とのちがいがわかるか？」

「ちがいはあまりわからないですけど、からだがすこし大きくなって強《つよ》そうになったかな。

それから……あっ、わかった。先生の飛龍《ひりゅう》がそばにいないね」

「よく気づいたな。あれは、もう見龍《けんりゅう》ではない。わが国では乾惕《けんてき》と呼《よ》んでいる」

「乾惕《けんてき》？　むずかしくてへんな名前ですね。ここでなにをするんだろう？」

「乾《けん》は前へ前へと進む、惕《てき》は反省《はんせい》するという意味《いみ》がある。これからは先生の飛龍《ひりゅう》からはなれたところで勉強するのじゃ。まあ、見ていればわかるだろう」

2

そのとき、山の上からゴロゴロと、大岩《おおいわ》がころがってきて、山のふもとにつくった小川をすっかりふさいでしまった。乾惕《けんてき》は、ものすごくがんばって小川をとおそうとしているけれど、なかなかうまくいかなかった。

「大丈夫《だいじょうぶ》かなあ」

ぼくは自分のことのように心配《しんぱい》になった。それからも、乾惕《けんてき》はいっしょうけんめいに大岩をどかして、小川をとおそうとしていた。

ところが、夕方になって、あたりが暗《くら》くなっても、小川は大岩でふさがったまま、水を田んぼに運《はこ》ぶことができなくなってしまった。乾惕《けんてき》は、しょんぼりと肩《かた》を落《お》とし、じっとなにか考《かんが》えているみたいだった。

「王様、乾crate《けんてき》は、なんだか元気がないみたいだけど……」

「あれは、今日のことを反省《はんせい》しているのじゃ。どうしてできなかったのかな、どうしたらいいのかなとな」

「助《たす》けてあげられない？」

「なあに、明日《あした》になったら、また元気になるから大丈夫《だいじょうぶ》だ。では、明日へ行ってみるか」

ぼくと王様は次の日にタイムスリップした。乾crate《けんてき》は、朝からせっせとけんめいに働いていた。そして、一日の終わりに、ついに大岩《おおいわ》をさけて、ぐるりとまわり道をする小川ができたんだ。

「やった！　えらいなあ。乾crate《けんてき》はすごくがんばるんだ」

「そう、夢をかなえるために、前へ前へと進《すす》んで、ひたすらがんばるのじゃ」

そのまた次の日も、また次の日も、次の日も……。乾crate《けんてき》は朝から晩《ばん》まで、村中の田んぼに水を運ぶことをくりかえして、どんどん働いた。

でも、ときには水を運びすぎて、田んぼに水があふれてしまったり、反対《はんたい》に水が足《た》りなくなってしまったりもした。だから、毎日、夕方になるとじっとうつむいて、反省《はんせい》しているみたいだった。

「今日もまた落ちこんでいるみたいだ。失敗《しっぱい》ばっかりじゃ、いやにならないかなあ？

王様、がんばっても、うまくいかないときはどうしたらいいですか？」

「失敗はおおいにけっこう。じつはな、乾愓《けんてき》にとっては、失敗が先生なのじゃ」

「失敗がなにかを教《おし》えてくれるんですか？」

「そのとおり。どうするか見ているといい」

それからも乾愓《けんてき》は、何度も失敗をして、落ちこんでばかりいた。

だけどそのたびに、工夫《くふう》して川の幅《はば》をかえてみたり、水が足りなくなったときのためにため池をつくったりして、なんとか失敗をのりこえていった。

「どうして工夫《くふう》できるようになったんだろう？」

「失敗に学んだからじゃ。夕方、その日一日をふりかえって反省《はんせい》することで、新《あたら》しい方法《ほうほう》を考えたり、いい方法を見つけだしたりする。そして次の日にそれを試《ため》してやってみる。それをくりかえすことで、工夫《くふう》ができるようになる」

3

その後、乾愓《けんてき》は、ふたたび大岩が小川をふさいでも、上手《じょうず》に川の流《なが》れを元《もと》に戻《もど》すことができるようになった。毎日、スイスイと働いているから、夕方に落ちこんで反省《はんせい》することも少なくなった。

ところがある朝、ぼくは小高《こだか》い丘の上にあるため池のへりに大きなひびが入っていることに気づいた。ため池にはたっぷりと水が入っていて、ひびわれてしまったら、大量《たいりょう》の水が流《なが》れでてしまう。

「危《あぶ》ない！　あそこがくずれたら大変《たいへん》だ」

「ああ、おそらく田んぼは水びたしになって、稲《いね》がくさってしまうだろう」

そう言っているあいだにひびが広《ひろ》がって、ついに池からドドッと水が流れだし、あっという間《ま》に水は丘《おか》をかけくだって田んぼの方へとおしよせていった。それに気がついた乾《けん》惕《てき》はおろおろとあわてて水を止めようと土の山をつくったけれど、水はだいぶ田んぼに入ってしまった。龍の国の人びともあわてて集まってきた。

「なれてきて、油断《ゆだん》してしまったのじゃな」

王様は残念《ざんねん》そうに首を横にふった。

「ひびに気がつかなかったんだ……」

「いや、気づいていても、まだ大丈夫《だいじょうぶ》だと思ったのだろう」

「もうなんでもできていたのに、どうして……」

「毎日の反省《はんせい》をおこたっていたからだ」

稲《いね》はなんとか、無事《ぶじ》だった。でも乾惕《けんてき》は、なぐさめようもないほどがっくりとしていた。

そこへ飛龍《ひりゅう》があらわれた。どうやら、ようすを見に来たらしい。

飛龍《ひりゅう》は雲の下から頭を出して、怒《おこ》ったようなするどい眼《め》で乾惕《けんてき》をいっしゅんだけにらんで、また遠《とお》くの空へさっていった。ぼくも自分が怒《おこ》られたようで、ふるえあがる思いだった。王様もすこし怒《おこ》っているみたいだ。

「でも、失敗《しっぱい》してなかったのに……」

「反省《はんせい》というのは、失敗したときだけすればいいわけじゃないんだよ」

「え！　失敗しなくても反省《はんせい》するの？」

「そうだ。うまくいったときも、ほめられたときも、これでいいのかな、これでいいのかな、もっとよくなる方法はないかなと反省しなければならぬ。それが強い龍になるひけつなのじゃ」

4

乾惕《けんてき》のすごいところは、ものすごく落ちこんでも、次の日、また元気になることだ。

大きな失敗《しっぱい》をしたけれど、それからの乾惕《けんてき》は見ちがえるようだった。うまくいってい
るときも、失敗したときも、毎日反省《はんせい》し
て、よりいっそう働いて工夫《くふう》するように
なった。

それとともに、からだがどんどん大きくなった。

「王様、夢をかなえるまでには、いろんな障害《しょうがい》や、壁《かべ》にぶつかるときがあるんだね。ぼくも壁にぶつかったりしたときは、どうしたらいいですか？」

「それでもあきらめないで、やりつづけることだ。自分で考えて、いろんな工夫をしながら、前に進むんだよ。空を飛んで飛龍《ひりゅう》になるためには、乾惕《けんてき》がどのくらいがんばれるかにかかっているのじゃ」

その後、乾惕《けんてき》はみるみる力をつけて、小川や水路《すいろ》を村中に行きわたらせた。そして、秋には田んぼにたくさんのお米が実《みの》った。

1 夢をかなえる？　あきらめる？（躍龍《やくりゅう》）

乾惕《けんてき》は、さらにたくましくなって、強そうで大きくりっぱな龍になった。

いまでは、龍の国にたくさんの水のとおり道をつくって、山からきれいな飲《の》み水も運《はこ》んでいた。でもまだ飛龍《ひりゅう》がやってこなければ、かんじんの雨をふらせることはできないんだ。

「王様、次はどんな勉強をするんですか？」

「これからが夢をかなえるための本番《ほんばん》だ。ちょっとたいへんだぞ」

「えー！　これからがたいへんなの……」

乾惕《けんてき》は、山の上にのぼって空を見上げていた。そのとき、遠《とお》い空の雲のなかに飛龍《ひりゅう》の姿《すがた》が見えた。きっと空を飛《と》びたいんだな、とぼくは思った。すると、乾惕《けんてき》は急《きゅう》に地面《じめん》をけって飛びはねたんだ。ぼくもびっくりして思わずジャンプした。

「あっー！　王様、飛ぼうとしているよ」

「おお、あれは躍龍《やくりゅう》になった。躍は跳躍《ちょうやく》、飛びあがる、飛びはねる龍という意味《いみ》じゃ。わが国ではそう呼《よ》んでいる」

「ジャンプする龍なんだ。じゃ、いよいよ飛《と》ぶ練習《れんしゅう》をするんですね！」

「そうだ。だがな、空を飛ぶのはそうかんたんじゃない」

躍龍《やくりゅう》は、高いところから空をめざして、何度《なんど》もジャンプした。そして、いっしゅん、高く飛びあがったと思ったらすぐに力がつきて、ザップーン！　と、みずうみに落《お》ちちゃったんだ。しばらくしても、みずうみはしんと静《しず》まったままだった。

「あれ、あれ？　躍龍《やくりゅう》があがってこないよ？」

「どれ、ようすを見に行ってみるか」

ぼくと王様は水のトンネルをとおって、みずうみに入っていった。躍龍《やくりゅう》の姿《すがた》はどこにも見えず、トンネルはどんどん暗《くら》くなって、ついには水の底《そこ》についてしまったんだ。

「ここは、潜龍《せんりゅう》がいた淵《ふち》じゃないの？」

「ああ、どうやら淵《ふち》に落ちてしまったようじゃ」

王様がライトをてらしてあちこちをさがすと、躍龍《やくりゅう》は大きくなったからだを小さくくるんと丸《まる》めて、水の底でじっと目を閉《と》じていた。自分でもかっこわるいと思ったのかな。そうとう落ちこんでいるみたいだ。

2

「もう、飛《と》べないんですか？　また潜龍《せんりゅう》になっちゃうの？」

「うーむ、いまはそっとしておくしかない。まだ飛ぶには力がおよばないのじゃ。この淵《ふち》で力をたくわえたら、またあがってくるだろう」

それからしばらくのあいだ、躍龍《やくりゅう》は地上《ちじょう》に姿《すがた》をあらわさなかったけれど、やがて元気になって淵《ふち》からあがってきた。自信《じしん》をとりもどしたみたいで、さらに強そうになっていた。

そして躍龍《やくりゅう》はまた、何度も飛びそうになっては落ちる、をくりかえし、ぼくはそのたびにハラハラドキドキした。そして大ジャンプをしたあと、ふたたび淵《ふち》に落ちてしまった。

「王様、まだ飛べるかどうか、わからないんですか？」

「空を飛んで飛龍《ひりゅう》になるのは、それほどむずかしいことなんだよ」

「あきらめないよね？　きっとまた淵《ふち》からもどってきますよね？」

王様はすこしのあいだ、なにも言わなかった。そして、ぼくの肩《かた》に腕《うで》をまわして、

「残念《ざんねん》だがな、飛べずにあきらめてしまうこともあるのじゃ」

と言った。やっぱりそうなんだ。ぼくならきっと、何度《なんど》も失敗《しっぱい》したらかっこ悪《わる》くてあき

らめちゃうだろうな……。

「あきらめないためにはどうしたらいいんですか？」

「夢をえがいた淵《ふち》でもう一度、胸《むね》のなかにある夢のたまごをしっかり抱《だ》いて、あきらめないぞ、夢をかなえるぞ、と決意《けつい》をかためなくてはならぬ」

「あんなに失敗《しっぱい》しても飛《と》べるかなあ？」

「ジャンプするときは、一度、からだを思いきりちぢめないと高《たか》く飛べないだろう？　失敗したくやしさもバネにして、それを力にできればしめたものじゃ」

それを聞いて、ぼくはすこし安心《あんしん》してまつことができるようになった。

だけど、躍龍《やくりゅう》はそれから長いあいだ、淵《ふち》からあがってこなかった。

ぼくは不安《ふあん》でいっぱいになって、王様にたのんで淵《ふち》にさがしにいってみた。だけど躍龍《やくりゅう》の姿《すがた》はどこにも見あたらなくて、ぼくは泣《な》きそうになった。躍龍《やくりゅう》の夢《ゆめ》はもうぼくの夢でもあったんだ。

3

暗《くら》く静《しず》かな淵《ふち》で、ぼくは勇気《ゆうき》を出して王様に言った。

「王様……ぼく、だれにも言ってないことがあるんです」

「どうした？」

「ぼく、ほんとうはパイロットになりたい」

王様は目を丸《まる》くしておどろいた。

「そうなのか？　なぜいままで言わなかった？」

「ごめんなさい。言えなかったんです。パイロットになるには、すごくむずかしいテストにうからなくちゃならないって聞いて、ああ、ぼくにはとうていむりだって思った。それに、学年でいちばん、成績《せいせき》もよくて、スポーツでもなんでもできる川田《かわだ》くんがパイロットになりたいって言っていて……。

ぼくは成績《せいせき》もそんなによくないし、運動《うんどう》も中《ちゅう》くらいだから、パイロットになりたいなんて言ったら笑《わら》われるって思って。だからかなわない夢ってあきらめて、心のおくにしまったんです。それで、ほかの夢をさがさなくちゃって考《かんが》えていたら、わからなくなったんだ」

「そうか、そうだったのか」

「でも、これまで龍が夢にむかってがんばっているのを見て、ぼくはやっぱりパイロットになりたいんだってわかった。だって、ほかになりたいものがないもの。それで躍龍《やくりゅう》が飛べたら、話そうと思っていました」

王様は、うん、うんとうれしそうに笑《わら》ってくれた。

「乾太《けんた》、心のおくっていうのは、だれにも見られない、この淵《ふち》のようなところだ。乾太はもう潜《ひそ》みかくれて夢のたまごをもっていたんだ。これから大事《だいじ》に育てていくのじゃよ」

「はい！　だから、躍龍《やくりゅう》にはあきらめないで飛んでほしい。いままでがんばってきたのに、あきらめちゃうなんていやだ！」

「そうだな、きっと躍龍《やくりゅう》も同じきもちであろう」

そのとき、水のトンネルがビューンっとふるえた。暗闇《くらやみ》のなかから躍龍《やくりゅう》があらわれて、ぼくのほうを見て鳴《な》いていたんだ。ぼくは思いっきり飛びあがってよろこんだ。

4

それからまもなくして、躍龍《やくりゅう》はふたたび地上《ちじょう》にもどってきた。いっそう強そうな龍になっていた。

「王様、夢をあたためなおすことができたら飛《と》べますか？」

「まだそれだけじゃ、力が足《た》りない。夢をかなえるいちばんの原動力《げんどうりょく》は、もっと、もっと、人の役《やく》に立ちたい、人びとをしあわせにしたいという思いなんだ。それが大空《おおぞら》へ飛びあがる力になる」

そうか、たくさんの人の役に立ちたいと思うから、高く飛べるのか。

「飛ぶための条件《じょうけん》はまだあるぞ。雨がふる前は、かならず風《かぜ》がふいて、雲が集《あつ》まってくる。それが飛べるチャンスだ。そういうときが来《こ》なければ龍は飛べない。

だから、たんと力をたくわえて、いつでも飛ぶぞと準備《じゅんび》して、チャンスを逃《のが》さないように飛ぶのじゃ。今度《こんど》はうまくいくといいのう」

躍龍《やくりゅう》は飛べるのかな……。

夢をかなえるってどういうこと？（飛龍《ひりゅう》）

1

躍龍《やくりゅう》は、淵《ふち》からあがってきて、高い山にのぼった。

今度《こんど》こそ、今度こそとぼくは祈《いの》るようなきもちだった。躍龍《やくりゅう》は、ジャンプするかまえをしたけれど、すぐにジャンプしようとしなかった。じっと空を見つめて、チャンスをまっているようだった。

すると、風《かぜ》がふいてきて雲《くも》がどんどん集《あつ》まってきた。そのときだった。

「追《お》い風《かぜ》がふいてきたぞ。いまだ！」

王様がそう言ったと同時《どうじ》に、躍龍《やくりゅう》は、力強《ちからづよ》く大地《だいち》をけって飛びあがった。風のあとおしもあって、からだがふわりと高くまいあがり、躍龍《やくりゅう》はついに大空を飛んだんだ。そして、高くのぼって、大きな雲のなかにすいこまれるように入っていった。

「飛《と》べた！　やっと飛べた！　飛龍《ひりゅう》になったんだね！」

ぼくはわーい！　とよろこびながら、飛龍《ひりゅう》に手をふった。

すると、雨がザーザーとふってきた。ぼくは雨にぬれるのがきらいだったけど、このときの雨はシャワーみたいですごくきもちがよかった。

龍の国の人たちも王様のまわりにたくさん集《あつ》まってきていた。

「新しい龍の王があらわれたぞ！　これで雨に困《こま》らなくなる。もっとたくさんの作物《さくもつ》がつくれるな」

「おいしい水がたくさんのめるね」

「王様が龍を大切《たいせつ》にしているおかげだ！」

「王様、バンザイ！　バンザイ！」

みんな、口々《くちぐち》によろこびをあらわして、空を見上げている。

王様も人びとといっしょににこにこして、よろこびをわかちあっている。

こんなにたくさんの人によろこばれて……。夢をかなえるってすてきなことなんだ。ぼくもパイロットになって、人の役に立つ、大きな夢をかなえたいと心から思った。

「さて、乾太《けんた》、飛龍《ひりゅう》がどんなふうに働《はたら》いているか、見に行くとするか」

「空へ？　行きたい！」

王様が空に合図《あいず》すると、一つの雲が目の前にやってきた。ぼくと王様は雲に乗《の》って、空にまいあがった。

2

高い空から大地を見おろすと、龍の国は、たったいま飛龍《ひりゅう》がふらせた雨で草や木のみどりがあおあおとかがやいて、それは、それは、美しかった。

「王様、龍は夢をかなえたから、もう勉強することはないんでしょう？」

「いや、これからのほうが学ぶことがたくさんある」

「え！　まだ勉強があるの？」

「もちろん、飛龍《ひりゅう》になって終わりというわけじゃない。夢をかなえることは、人の役に立ちつづけるということじゃ。わしも国をおさめているが、国の民《たみ》がみなしあわせにくらせるように、国を守《まも》りつづけなければならない。そのためには、毎日、毎日、学ばなくてはならぬのじゃ」

「王様はどうやって勉強しているんですか？」

すると王様は、着物《きもの》のなかから本をとりだした。それは、ぼくがおじいちゃんからもらった易経《えききょう》の本だった。

「わしは毎日、易経《えききょう》の本をそばにおいて、読んでいる。この本には国を守るため、夢をかなえつづけるために大事《だいじ》なことが書いてある。この本がわしの先生でもある」

「ぼくもいつか、読めるようになるかな」

「もうすこし、大きくなったら読めるようになるだろう」

3

ぼくと王様は飛龍《ひりゅう》の大きな雨雲《あまぐも》に追《お》いついた。雨雲をかきわけかきわけ入っていくと、飛龍《ひりゅう》は雲のなかから大地を見わたしていた。その目はあらゆる方角《ほうがく》を一度に見わたせるような、ふしぎな目だった。

「飛龍《ひりゅう》は、なにをしているんだろう？」

「どこにめぐみの雨をふらせたらいいか、つねに目をくばり、観察《かんさつ》しているのだ。雨をふらせるのが遅《おそ》くなれば、草木や作物が枯《か》れてしまうからな」

「飛龍《ひりゅう》の先生っているんですか？」

「自分のまわりのすべての人、すべてのものごとが先生なのだ。人びとがしあわせそうにしているかどうか、困《こま》った顔をしていないかどうか、作物《さくもつ》はよく育っているかをつねに観《かん》察《さつ》して、いつどこに、雨をふらせたらいいかを知るんだよ」

飛龍《ひりゅう》は空を自由に飛んで、あちこちに雨をふらせていった。

「飛龍《ひりゅう》はまるでパイロットみたいだね」

「乾太《けんた》はどうしてパイロットになりたいと思ったんだ？」

「うん、はじめて飛行機《ひこうき》に乗ったとき、ぼくはとってもこわかったんです。ドキドキして乗っていたら飛行機がゆれ始《はじ》めて、泣《な》きそうになったんだ。

そのとき、機長《きちょう》さんから『すこしゆれてきましたが、この飛行機の運行《うんこう》にはまったく影響《えいきょう》はありません』ってアナウンスがあった。落《お》ち着《つ》いていて、たのもしい声でした。

それでぼくは、ああ、この機長さんがぼくたちを連《つ》れていってくれるなら大丈夫《だいじょうぶ》だって安心《あんしん》したんだ。こんなに大きい飛行機を操縦《そうじゅう》して、かっこいいなと思って、それから飛行機が大好きになったんです」

「そうか、いつか乾太も自分で飛行機を操縦して空を飛べるといいな」

4

空から近づいていっても、いさましい飛龍《ひりゅう》の姿は、あつい雲のあいだに見えかくれして、なかなか全体《ぜんたい》が見えなかった。

「王様、どうして飛龍《ひりゅう》はいつも雲といっしょにいるんですか？」

「昔《むかし》から龍には雲がつきものと言われていて、龍の絵にはかならずといっていいほど、雲がえがかれている。雨は雲からふるだろう？　飛龍《ひりゅう》は自分だけでは雨をふらせることはできない。雲というなかまとともにいるから、雨をふらせることができるのじゃ」

「どうして飛龍《ひりゅう》は雲を呼《よ》び集《あつ》めることができるの？」

「飛龍《ひりゅう》は地上《ちじょう》でいっしょうけんめい、学んで力をつけてきたから、雲は飛龍《ひりゅう》のその力に引きよせられて、集まってくるんだ」

「わかった！　夢をかなえつづけるには、なかまが必要《ひつよう》なんですね」

「そうだ。わしにも優秀《ゆうしゅう》な家臣《かしん》がそばにいて、働《はたら》き者《もの》の国の民がいるから、みなでしあわせに暮《く》らすことができる。自分一人では、いくら力があっても国をおさめることはできないのじゃ」

「もし、飛龍《ひりゅう》のまわりに雲がいなくなっちゃったら、どうなるんだろう？」

王様はぼくをふりかえって言った。

「淵《ふち》に落ちてしまう」

「えー！　飛龍《ひりゅう》も落ちちゃうの？」

あんまりびっくりして、ぼくはあやうく雲から落ちそうになった。

飛

夢をかなえたら、次はなにをするの？（亢龍《こうりゅう》）

1

「ところで、空を飛んでいる気分はどうだね？」

王様がぼくに聞いた。雲の上から地上を見おろすと、人びとが豆《まめ》つぶのように見えた。みんながぼくたちを見上げて、手をふっている。

「とってもきもちいい。なんだか、えらくなったような気がする」

「そうか。きっと飛龍《ひりゅう》も同じきもちであろう。空を見上げるのと空から見おろすのでは、見えている世界《せかい》がまったくちがうからな。だから、気をつけなくてはならないんだ」

「どうしてですか？」

「飛龍《ひりゅう》はえらくなりすぎてはいけないんだ。雲を呼《よ》び、雨をふらせる龍は、多くの人の役に立って、みんなに尊敬《そんけい》されて、見上げられるようになる。すると、自分でもえらいと思ってしまうのじゃ」

飛龍《ひりゅう》が飛んでいる姿《すがた》は、すごく大きくて強そうでかっこいい、スーパースターだ。きっと、だれが見てもあこがれるだろうと思った。

「飛龍《ひりゅう》はかっこいいし、えらい。ぼくも飛龍《ひりゅう》みたいにえらくなりたい。どうしてそう思ったらいけないの？」

「飛龍《ひりゅう》はな、雲にしたわれて、雲に覆《おお》われているから、人の役に立てるんだ。だから、いつも雲のなかに頭をかくしていなければならない。自分がいちばんえらい！　と思いこんで、雲よりも上に出てはならぬのじゃ」

「えらそうに、いばっちゃうってこと？」

「そうだな。どこへ行ってもほめられることが長いあいだつづくと、だんだんいばるようになる。そのうちに、昔《むかし》、地上でいっしょうけんめいに働《はたら》いて、努力《どりょく》したことも忘《わす》れてしまう。残念《ざんねん》なことだ」

「いばって雲の上に出て、まわりに雲がいなくなったら、淵《ふち》に落ちちゃうんですよね？」

「ああ、そうだ。雲の上に行ってしまった龍を見に行ってみるか」

2

王様は飛龍《ひりゅう》の雲よりも高い空にむかって、飛びはじめた。高い空には雲が一つもなく、青空が広がっていた。

「あ！　あそこに龍がいる。でもまだ空を飛んでいる」

「雲がまわりにいなければ、空は飛べても、雨をふらすことはできない。あれはもう飛龍《ひりゅう》ではなく、亢龍《こうりゅう》といって、おごりたかぶった龍だ」

亢龍《こうりゅう》は、いさましい姿《すがた》を見せびらかすようにして、すさまじい声《こえ》でほえていた。

「なんだか、こわいな」

ぼくは雲にかくれていない龍の姿を見たかったけれど、たしかに雲を連《つ》れていない龍は強そうに見せているだけで、かっこよくなかった。

ぼくたちが見ている間《ま》に、亢龍《こうりゅう》はみるみるからだが細《ほそ》くなって、力をなくしているようだった。

「龍は水のなかか、水蒸気《すいじょうき》である雲のなかにいなければ、力をたくわえられないんだ。だから亢龍《こうりゅう》になったら、あとは落ちてしまうだけだ」

亢龍《こうりゅう》はそれでも、もっと、もっと高く飛ぼうとしていた。見えなくなってしまいそうだ。

「龍は強い力をもったいきものだから、雲よりも高く飛ぼうと思ったら飛べる。だが、それには雲をけって、飛ぶしかない。そんなことをしたら、雲はにげてしまうだろう？」

「はい、ぼくが雲だったら、そんないじわるな龍からはにげちゃうな」

そのとき、遠《とお》くからヒューッという音《おと》がして、それがだんだん近づいてきた。音のするほうを見上げたら、高い空にのぼっていったはずの亢龍《こうりゅう》が、とつぜん、空から落ちてきた。雲に乗《の》っているぼくたちの目の前もすぎて、どんどん下に落ちていって、やがて、ドッボーン！　と淵《ふち》に落ちてしまったんだ。

王様はそれを見て、かなしそうな顔をしていた。

「あれもいい働きをする飛龍《ひりゅう》だったのだ」

「王様、ぼく、夢をかなえるのがこわくなっちゃった。亢龍《こうりゅう》にならないためにはどうしたらいいんですか？」

「いつもまわりの人がしあわせにしているかどうかをよく見ること。それから、まわりの人の言うことをよく聞いて、自分が人からどう見えているのか、ま

ちがっていないかな、いばっていないかな、と気をつけることだ。それがまわりの人に学ぶということじゃ」

「そうすれば、亢龍《こうりゅう》にならない?」

「それは、努力次第《どりょくしだい》だ。乾惕《けんてき》は毎日、反省《はんせい》していただろう? 夢をかなえてからも、毎日、朝から晩《ばん》まで努力《どりょく》して前に進《すす》んで、夕方になったら、たとえうまくいった日でも、これでよかったのか、もっとよくなるにはどうしたらいいかと、反省《はんせい》することが大切なのじゃ」

「はい、もしぼくが夢をかなえたら、そうします。だって、亢龍《こうりゅう》にはなりたくないもの」

3

ぼくと王様は空からおりてきて、見龍《けんりゅう》があらわれた水田《すいでん》にもどってきた。

「さて乾太《けんた》、そろそろ帰らなくてはならないな。送っていこう」

王様がやさしく言った。

「えっ、もうおわかれなの? また会《あ》えますか?」

「ああ、またいつか会おう。わしはいつまでも乾太のことを応援《おうえん》しておる」

ぼくは泣《な》きだしたいきもちをぐっとこらえた。でも、ちょっと涙《なみだ》がこぼれてしまったかもしれない。

「ぼく、王様に教《おそ》わったことを忘《わす》れません。そして夢を育てて、パイロットになりたい」

王様は太《ふと》い腕《うで》を大きく広げて、ぼくを抱《だ》きしめてくれた。

「元気でがんばるのだぞ」

「はい！　王様、ありがとうございました」

王様が易経《えききょう》の本を開《ひら》くと、本のなかからもくもくと雲がわきだした。ぼくが王様の背中《せなか》につかまると、雲がうずまいて、トンネルがあらわれた。

第二部 夢にむかって行こう

易経《えききょう》にはなにが書いてあるの？

1

はっと部屋で目が覚《さ》めたら、もう夕方だった。

「あれ？　王様？」

ぼくは机《つくえ》にふせてねむっていたらしい。

机《つくえ》の上には開《ひら》いたままの易経《えききょう》の本があった。

あたりをきょろきょろしても、そこは家の二階のいつものぼくの部屋《へや》で、王様も龍《りゅう》もいなかった。

「夢を見ていたんだ……」

でも、たしかにぼくは龍の国へ行って、夢について王様にいろいろ教《おそ》わった。龍が成長《せいちょう》していく姿《すがた》や龍が大空《おおぞら》に飛びあがった姿、そして、いっしょに空を飛んだこともはっきりとおぼえていた。そして、王様にパイロットになりたいって、うちあけたことも。

まだ頭《あたま》がぼうっとしていたけれど、これで「将来《しょうらい》の夢」の作文が書けるぞって思った。

次の日、ぼくはさっそく、作文を書こうと机《つくえ》にむかった。だけど……。

ぼくの夢はパイロットになることです。


と、一行目を書いたところでその先《さき》がどうしても書けなかった。

きっと同じクラスの川田くんもパイロットになりたいって作文を書くだろうな。

川田くんは学年でいちばん頭がよくて、背《せ》も高くて、スポーツもなんだってできる。歌《うた》だってうまい。やっぱり、現実《げんじつ》にもどってみると、ぼくには自信《じしん》も勇気《ゆうき》もなく、パイロットになりたいのかどうかもわからなくなってしまった。

龍の国で教《おそ》わったことはほんとうなのかな。いまは成績《せいせき》があまりよくなくても、からだが小さくても、潜龍《せんりゅう》が飛龍《ひりゅう》になったように、パイロットになれるのかな。

「そうだ！　もう一度、龍の国へ行って王様に聞いてこよう」

昨日と同じように易経《えききょう》の本を開いてみた。ずらりとならんでいるむずかしい漢字と記号《きごう》の表《ひょう》を目で追《お》っていたら、すぐにねむくなってきた。ファ〜ア……。

「乾太《けんた》、乾太！　おひるごはんよ。おりてきなさい。クリームパンも買ってきたわよ！」

遠《とお》くのほうでお母さんの声がした。そのとき、部屋のドアがバンッと開《あ》いて、ぼくは飛《と》びおきた。

「お兄ちゃん、早く食べようよ！」

小学二年生の弟《おとうと》の坤太《こんた》が走《はし》ってきて、ぼくに飛びついた。

「わ！　びっくりした」

お母さんと坤太におこされて、ぼくはがっかりした。王様はあらわれず、ただねむりこけていただけだった。易経《えききょう》の本を本棚《ほんだな》にしまって、坤太と一階の台所《だいどころ》へおりていった。

「お兄ちゃん、ねてたよ！」

ぼくは坤太の口をあわててふさいだけど、遅《おそ》かった。

「あら？　宿題《しゅくだい》しないでいねむりしてたの？」

お母さんはしょうがないわね、とあきれた顔をした。

夏休みはまだ始まったばかりだけど、ぼくは宿題をがんばっていた。というのは宿題が早く終わったら、なにかごほうびを考えてくれるって、お父さんとお母さんが約束《やくそく》してくれたから。でも、問題《もんだい》は作文なんだ。

ぼくはテーブルで大好物《だいこうぶつ》のクリームパンを食べながら、お母さんに聞いた。

「おじいちゃんは、今度いつ帰ってくるの？」

易経《えききょう》の本をくれたおじいちゃんは、高校《こうこう》の校長《こうちょう》先生をしていた。五年前に定年退職《ていねんたいしょく》したあとも、おじいちゃんはいそがしそうにしていたけれど、今年《ことし》の春《はる》からはおばあちゃんと一緒《いっしょ》にタイに行って、むこうの学校で日本語の先生をしている。

ぼくは、おじいちゃんに龍の国で教《おそ》わったことがほんとうかどうか、たしかめたかった。

「そうねえ、十月に一度、帰《かえ》ってくるって言っていたけれど、どうかしらね」

お母さんがカレンダーを見ながら言った。

「そうなんだ。夏休みが終わっちゃうなあ」

「どうしたの？　おじいちゃんになにかようじがあるなら電話《でんわ》してみる？」

そう言われて考えたけれど、電話で龍の国へ行ったことをどうやって話したらいいかわからなかった。

「ううん、いいや、なんでもない」

あの本に書いてあることが読《よ》めたらいいのに、とぼくは思った。

次の日も、また次の日も、作文は書けなくて、本を開いてみても王様はもうあらわれなかった。

易経《えききょう》の本をなんとか読んでみようと思ったけれど、知《し》らない漢字ばかりでなにが書いてあるか、まったく読めなかった。だけど、へんな記号《きごう》と漢字が書いてある表を見ていたら、ぼくの名前の乾《けん》太《た》の乾《けん》の字と、坤《こん》太《た》の名前の坤《こん》の字を発見《はっけん》した。

いったい易経《えききょう》ってなんの本なんだろう？　ふつうの本とはちがう、ふしぎな本だ。

やっぱり、おとなにならないと読めないや。

あきらめて本棚《ほんだな》にもどそうとしたとき、本のあいだから白い紙が一枚《いちまい》、ヒラヒラとゆかに落《お》ちた。

ひろいあげてみたら、こう書いてあった。


乾太にこの本をおくる。

困《こま》ったときに開《ひら》いてみるといい。

なにかわからないことがあったら、
朝日町商店街《あさひちょうしょうてんがい》の先《さき》にある乾暘堂《けんてきどう》の
大地雷蔵《だいちらいぞう》さんをたずねなさい。

じじより

それは、おじいちゃんからの手紙《てがみ》だった。乾暘堂《けんてきどう》ってなんだろう？　乾暘《けんてき》の名前と同じだ。大地雷蔵さんって人も、もちろん知らなかった。

おじいちゃんは乾惕堂《けんてきどう》へのかんたんな地図《ちず》も書いてくれていた。朝日町はぼくがすんでいる町で商店街《しょうてんがい》は駅《えき》の近《ちか》くにある。地図を見ると、乾惕堂《けんてきどう》は、かよっているスイミングスクールから商店街をずっと先に行ったところだった。商店街から先のほうにはあまり行ったことがない。

わからないことがあったら、って書いてあるから、ここに行けば龍の国のことが聞けるかもしれない。夏休みに入ってから、毎日のように水泳《すいえい》の練習《れんしゅう》にかよっている。明日《あした》もスクールに行くから帰《かえ》りに行ってみよう。

2

次の日、ぼくはリュックのなかに易経《えききょう》の本とおじいちゃんの手紙を入れて、スイミングスクールへ行った。お母さんには乾惕堂《けんてきどう》に行くことは話《はな》さなかった。だって「行ったらだめ」と言われたら龍の話のことをたしかめられないじゃないか。

スクールが終わって、ぼくは帰り道とぎゃく方向《ほうこう》の商店街の先へ自転車《じてんしゃ》をこぎだした。

「乾太《けんた》くーん！」

ふりかえると、同じスクールにかよっている同い年のかなえちゃんだった。かなえちゃんは商店街《しょうてんがい》をぬけた、となり町の夕日町《ゆうひちょう》にすんでいて、かよっている学校はちがうけれど、一年生のころからいっしょに水泳を習《なら》っている。かなえちゃんはかわいくて、水泳も上手《じょうず》でイルカみたいに泳《およ》げるんだ。

「どこへ行くの？　家はあっちでしょう？」

「うん、ちょっとようじがあって、商店街の先まで行くんだ」

「わたし、帰り道だからいっしょに行こうよ」

ぼくは自転車をおりて、並《なら》んで歩いていくことにした。かなえちゃんと歩けるのはちょっとうれしかった。

「あのさ、この先にある乾惕堂《けんてきどう》って知《し》ってる？」

「うん、知ってる。古《ふる》い本を売っているお店よ」

「ふーん、本屋《ほんや》さんなんだ」

本屋さんなら易経《えききょう》になにが書いてあるか教《おし》えてくれそうだ。ちょっと安心《あんしん》した。でも、かなえちゃんは、すこし困《こま》ったような顔をして言った。

「うん、本屋さんなんだけど、むずかしそうな古い本ばかり並《なら》んでいるへんな店よ」

「ふつうの本屋さんじゃないの？」

「そうみたい。いつも着物《きもの》を着《き》て、帽子《ぼうし》をかぶったおじいさんがいるんだけど、すごくこわそうな人。たしか、カミナリって字を書く名前で、近所の人はカミナリゴロゴロのゴロさんって呼《よ》んでいるんだって」

その、こわそうなゴロさんが大地雷蔵《だいちらいぞう》さんにまちがいない。困《こま》ったな、どうしよう。

「こわいってどんなふうに？」

「顔《かお》が大きくて、いつも怒《おこ》っているみたいな顔しているのよ。ともだちは、〝おにがわら〟みたいな顔って言っている」

それを聞いて、ぼくはまわれ右《みぎ》して、帰ろうかと思った。でも、帰るなんて言って、かなえちゃんにおくびょうだと思《おも》われるのがはずかしかった。

「ほら、ここよ」

乾惕堂《けんてきどう》は商店街をぬけた住宅街《じゅうたくがい》のなかにポツンとある小さなお店だった。かなえちゃんが教《おし》えてくれなかったら、とおりすぎてしまったかもしれない。

店の入り口の上には「乾惕堂《けんてきどう》」と書かれた古い木のかんばんと、もう一つ、入り口の横《よこ》の小さなかんばんに「易占用具《ようぐ》・専門書《せんもんしょ》」と書いてあった。易経《えききょう》の易《えき》とおなじ字だ。やっぱり龍の国のことを聞けるかもしれない。

かなえちゃんは、店のおくを指《ゆび》さした。

「ほら、帽子《ぼうし》をかぶった人がなかにいるでしょ？　なんのようじがあるの？」

「えっと、ぼくのおじいちゃんから行ってくるように言われて……」

なんて言っていいかわからなかった。かなえちゃんに龍の国の話をしたかったけど、きっと信《しん》じてもらえないと思った。

「そうなの。じゃ、がんばってね。お母さんが心配《しんぱい》するから帰らなくちゃ、またね、バイバイ」

「うん、ありがとう。またね」

一人になって、すこし心ぼそくなった。

店の入り口の前に行ってガラス戸《ど》からなかをのぞくと、店の壁《かべ》は天井《てんじょう》までの本棚《ほんだな》になっていて、びっしりと本がつまっていた。店のいちばんおくに机《つくえ》があって、たくさんの本にうまるようにして、黒《くろ》い帽子《ぼうし》をかぶったおじいさんがすわっていた。あれが、ゴロさんか。

「あ！」

その顔をよく見て、ぼくはびっくりした。こわかったからじゃない。

王様にそっくりだったんだ。だけど、やさしそうな王様の表情《ひょうじょう》とはまったくちがって、みけんに深《ふか》いしわをよせて、気《き》むずかしそうな顔をして本を読んでいた。

とても店に入っていく勇気《ゆうき》が出なかったけれど、龍《りゅう》の話があの本に書いてあるのかどうか、たしかめられるのはあの人しかいない。

そのとき、ぼくは見龍《けんりゅう》のことを思い出したんだ。

見龍《けんりゅう》は「教《おし》えて、教えて」っていうように飛龍《ひりゅう》をずっと追《お》いかけて、飛龍《ひりゅう》に教《おし》えてもらっていた。

なにかを知りたい、勉強したいときは、教えてくださいとお願《ねが》いすることが大切《たいせつ》なんだって、王様が言っていた。

ぼくは勇気《ゆうき》を出して店のとびらを開《あ》けた。

3

「こんにちは」

ゴロさんはすぐに気がついて、鼻《はな》にかけたメガネをずらして上目《うわめ》づかいにぼくを見た。

「はい、こんにちは」

と、ガマガエルのようなひくい声で答《こた》えた。頭につばのない黒い帽子《ぼうし》、黒い着物《きもの》を着《き》てすわっている。

顔《かお》は王様にそっくりだけど、声がぜんぜんちがうし、その表情《ひょうじょう》はきびしそうでにこりとも笑《わら》わない。あいさつはしたけど、ぼくを無視《むし》するように、またすぐに本を読《よ》みはじめた。

ぼくはおそるおそる店のおくへ歩いていった。

店のガラスケースのなかには、筒《つつ》のようなものが並《なら》べてあって、竹《たけ》ひごみたいなほそくて長い棒《ぼう》がたくさんさしてあるものもあった。ほかにも、つみ木のようなものや、なにに使《つか》うのかわからない、見たこともない道具《どうぐ》が並べられていた。

まるで魔術師《まじゅつし》の店みたいだ。

「なんだ？　ここはこどもの来るところじゃないぞ」

またガマガエルのような声《こえ》で言う。やっぱりかなえちゃんが言うとおり、こわい人だ。龍の国の王様に会っていなかったら、すぐに逃《に》げだしていたよ。

「あのー、ぼくは天野乾太《あまのけんた》といいます。ぼくのおじいちゃんに易経《えききょう》っていう本をもらったんですけど、なんて書いてあるかわからなくて、教《おし》えてもらいたくて……来ました」

ぼくがそう言うと、ゴロさんは顔をあげた。王様とはおじいちゃんといるように話せたけれど、とても、そんなふんいきじゃなかった。

「なんだって？　じいさんの名前は？」

「天野龍之助《あまのたつのすけ》です」

「ほお……」

そう言って、ぼくの顔をじいっと見た。おじいちゃんを知っているみたいだ。

「あの、わからないことがあったら、ゴロさん……あっ、大地雷蔵《だいちらいぞう》さんに聞きなさいって易経《えききょう》の本に手紙がはさんであって」

ぼくはもってきた易経《えききょう》の本と、手紙をリュックからとりだしてわたした。

ゴロさんは手紙を読むと、顔をしかめ、小さな声ではきすてるように言った。

「まったく！　あいつめ、勝手《かって》にめんどうなことを書きおって……」

どうやらおじいちゃんとあまりなかよしではなさそうだ。おっかなくて、ぼくは潜龍《せんりゅう》みたいにからだがちぢこまった。

それからゴロさんはぼくの易経《えききょう》の本を手にとり、しばらく表紙《ひょうし》を見つめてから、ごつごつした大きな手で表紙《ひょうし》を大事《だいじ》そうになでた。

「たしかにわたしが大地雷蔵《だいちらいぞう》だ。このあたりの人はゴロさんなんて呼《よ》んでおる。で？　なにを教《おし》えてほしいんだ」

ほんとうは龍のことを聞きたかったけれど、緊張《きんちょう》してへんな質問《しつもん》をしてしまった。

「外《そと》の小さなかんばんはなんて書いてあるんですか？　なんとか用具《ようぐ》、専門書《せんもんしょ》って、易経《えききょう》の易《えき》っていう字ですね？」

「あれか、あれは『えきせん』と読むんだ。易《えき》の占《うらな》いという意味だ。易経《えききょう》はもともと占いえ、占《うらな》いの本？　龍《りゅう》の国の話じゃないの？

「あそこにあるのが、占《うらな》いの道具《どうぐ》だ」

ガラスケースを指《ゆび》さした。あの筒《つつ》や細い棒《ぼう》は占いの道具なんだ。

「占《うらな》いって、未来《みらい》をよげんするの？」

「まあ、かんたんに言えばそうだ」

そう言って、またぼくをじろっとにらむように見る。

「五千年前に書かれた本だって、おじいちゃんが言っていましたけど……」

「易経《えききょう》は、約《やく》五千年前に書かれた、世界最古《せかいさいこ》の書《しょ》の一つと言われている」

「世界最古《せかいさいこ》！」

ゴロさんはちょっとじまんげな顔をしたけれど、やっぱりにこりとも笑《わら》わなかった。

そんなに古い本なら、どうりでぼくには読めないわけだ。見たことない漢字や記号《きごう》ばかりで、まるで宇宙人《うちゅうじん》のことばみたいに見えるもの。

「どこの国の本か知っているか？」

易経《えききょう》は外国《がいこく》の本なのかな。日本の本だと思っていたけれど、ちがうんだ。

「いいえ、知りません」

「の本だ」

「おまえのじいさんは、そんなことも教《おし》えてないのか！　はっ、あきれるわい」

ゴロさんは、よほどおじいちゃんがきらいなのかもしれない。

「おじいちゃんは、いま、外国に住《す》んでいて話す時間がないんです。ごめんなさい」

「おまえがあやまらんでもいい」

そう言って、ゴロさんはえっへんと大きなせきばらいをして、背《せ》すじをピンとのばした。

それから、ぼくをまっすぐに見てゆっくりと話しはじめた。

「易経《えききょう》は、もともとは中国《ちゅうごく》の本だ。むかしの中国の武将《ぶしょう》たちは戦《たたか》いに勝《か》つためにはどうしたらいいかを占《うらな》ったり、国の王が政治《せいじ》をどうしていけばいいのか占《うらな》ったりしていたのだ」

「むかしの中国の武将って三国志《さんごくし》に出てくる劉備《りゅうび》、曹操《そうそう》、孫権《そんけん》ですか？」

ぼくは三国志《さんごくし》のマンガを図書館で借りて夢中《むちゅう》になって読んだばかりだった。

「ほお、よく知っているな。三国志《さんごくし》の時代《じだい》にも占《うらな》っていたといわれている。だが、いちばんさかんだったのは、それより、約《やく》千年前、紀元前《きげんぜん》七七〇年から紀元前二二一年までの春《しゅん》秋戦国時代《じゅうせんごくじだい》だ。いまから二千七百年以上《いじょう》前のことだな。易経《えききょう》じたいは、それよりはるか昔《むかし》、紀元前三千年のころ、いまから約五千年前からあったといわれている」

そんな昔から占《うらな》いがあったことをぼくは知らなかった。それも武将《ぶしょう》や王様が、戦争《せんそう》や国の未来《みらい》を占《うらな》っていたなんて。

よくクラスの女子が誕生日《たんじょうび》占《うらな》いや、星占《ほしうらな》い、前世占《ぜんせうらな》いの話をしてキャーキャーさわいでいるけれど、ぼくは、占《うらな》いって女の人がするものだと思っていた。

「じゃ、易経《えききょう》に書いてあるのは占《うらな》いのやりかたとか、答えが書いてあるんですか?」

「そうだ。だが、占《うらな》いだけに使うのではない。占《うらな》わないで読んで勉強するのだ」

「占《うらな》いをしない?」

占《うらな》いの本なのに、占《うらな》わないってどういうことなんだろう?

「古《ふる》くから、君子《くんし》は占《うらな》わず、と言ってな。君子《くんし》というのは、かしこく、すぐれた知恵《ちえ》をもつ人という意味《いみ》だ。じつは易経《えききょう》は大昔《おおむかし》、王の教科書《きょうかしょ》でもあった。すぐれた王は読んで勉強して、国を守《まも》るため、世の中で生きるための知恵《ちえ》を学んでいた」

王様の教科書……そういえば、龍の国の王様も毎日、易経《えききょう》を読んで学んでいるって言っていた。

ゴロさんはおっかないけれど、ぼくが聞いたことにちゃんと答えてくれる。だんだん王様と話しているような気もしてきた。

「どうして占《うらな》いの本が王様の教科書なんですか? どんなことが書いてあるんですか?」

「困《こま》ったときや、まよったときの解決策《かいけつさく》が書いてある。この世の中のありとあらゆる悩《なや》みや心配《しんぱい》を解決《かいけつ》する術《すべ》だ。王様だけじゃなく、われわれが困《こま》ったときにも役《やく》に立《た》つ」

だから、おじいちゃんは困《こま》ったことがあったら読みなさいって言ったのか。わかってきたぞ。

「困《こま》ったときに、どう読めばいいんですか？」

「ぜんぶで六十四個の物語《ものがたり》が書いてある。それを読むんだ」

「物語が六十四個も！　あの、そのなかに龍《りゅう》が夢《ゆめ》をかなえていく物語はありますか？」

そう聞くとゴロさんはまゆをしかめた。

「夢だと？　……まあ、いい。龍の話は易経《えききょう》の本のいちばん初《はじ》めに書いてある」

やっぱり書いてあるんだ！　それを聞いて、うれしくて飛びあがりそうになった。

「淵《ふち》にかくれている潜龍《せんりゅう》や、空を飛《と》ぶ飛龍《ひりゅう》が出てきますか？」

「ああ、それがどうした？」

ゴロさんは、易経《えききょう》のページをパラパラとめくってから、ぼくのほうにむけて本を開《ひら》いた。

「ほら、見てみろ。ここから龍の話が始《はじ》まる。これより前のページは易経《えききょう》がどんな本であるかという解説《かいせつ》が書いてある」

ぼくが読もうとしていたのは、解説《かいせつ》のページで龍の話が始まるページまでいっていなかったんだ。

「わかるか？　ここに潜《ひそ》む龍《りゅう》と書いて潜龍《せんりゅう》、次に見龍《けんりゅう》、飛龍《ひりゅう》、亢龍《こうりゅう》と書いてあるだろう」

ぼくは、ゴロさんが指《ゆび》さすところを目でおった。ほんとうだ。そのページには龍ってい
う字がいっぱい書いてあった。
「それで、なにが知《し》りたい？」
「この龍の話はほんとうかどうかと思って、なにもできない潜龍《せんりゅう》が夢をかなえて飛龍《ひりゅう》にな
れるんですよね？」
「ほんとうかどうか？　そんなことは龍の話にたとえられているとおりにやってみなくち
ゃわからん。なにかこころざすことがあるのか」
「こころざす」という言葉《ことば》の意味《いみ》は、夢をかならず実現《じつげん》するぞと心に決めることだと王様
に教《おそ》わった。ぼくはうれしくて、つい、話してしまった。
「はい。ぼく、できたらパイロットになれたらいいなあって思っているんです。だから、
いまから夢を育《そだ》てていきたいんです……」
ぼくの話はとちゅうでさえぎられた。
「そうか。いまのままではなれないな」
「え？」
すぐにはなにを言っているかわからなかった。
「パイロットにはなれないだろうと言ったんだ」

ぼくは、頭《あたま》をたたかれたようなショックをうけた。

「え！　なれないって、どうしてわかるの？　えー！　もしかして占《うらな》いの予言《よげん》？」

「占《うらな》わなくてもわかるわい！　そんなあまっちょろいゆるゆるとしたきもちじゃ、むりだと言っているんだ」

ぼくはショックで頭がくらくらして、やっとのことで聞いた。

「……どうしたらなれますか」

「そんなことはおまえのじいさんに聞けばいいだろう。さあ、もういいだろう。帰った、帰った。わたしはいそがしい」

そう言って、ゴロさんは立ち上がり、うしろにある本棚《ほんだな》の方にくるっと背中《せなか》をむけてしまった。けれど、おじいちゃんが帰ってくるのをまっていたら、宿題《しゅくだい》の作文を書くにはまにあわない。

「おじいちゃんはしばらく帰ってこないんです。だから、教《おし》えてください！」

いったんうしろをむいてしまったゴロさんは、ふう、とためいきをついてから、ぼくのほうにむきなおって言った。

「それじゃ、教《おし》えよう。まずは潜龍《せんりゅう》のようになることだ。潜龍《せんりゅう》のようにこころざし、見龍《けんりゅう》のように学び、次は日々《ひび》努力《どりょく》して前に進み、次は跳躍《ちょうやく》をこころみて、そして飛龍《ひりゅう》になり、と段階《だんかい》をふんでいくんだ。潜龍《せんりゅう》になりたいのか？」

「はい。なりたいです」

「そうか。ならば、いろいろな職業《しょくぎょう》の人、五人にどうしてその職業《しょくぎょう》についたのか、まずは聞いてこい。それができなかったら、もうここへは来《こ》なくていい」

「そんな……、五人って、どこに行って聞けばいいんですか」

「そんなことは自分で考えるんだ。朝日町商店街《あさひちょうしょうてんがい》の人に聞いたっていいだろう」

ぼくにできるかどうか、まったく自信《じしん》がなかった。つきはなされたように言われて、それ以上《いじょう》は、なにも聞けなかった。

「わかりました……。ありがとうございました！」

ぼくは床《ゆか》に置《お》いたリュックをひろいあげ、にげるように走《はし》って乾惕堂《けんてきどう》を出た。店のとびらを開《あ》けるとき、ゴロさんは、

「二度と来《こ》なくてもいいんだぞ！」

と、言った。ふりかえると、声だけじゃなく顔もガマガエルみたいに見えた。

王様にそっくりだと思ったけれど、にてもにつかない。あんまりひどいや。

龍の話が書いてあるって、飛びあがるほどよろこんだのに、パイロットにはなれないなんて、まるでジェットコースターに乗《の》ったみたいに、がっくりときもちが落《お》ちこんだ。

帰り道、自転車《じてんしゃ》のペダルがやけに重くかんじられた。ぼくは、だれにも相手《あいて》にされないで、暗《くら》い淵《ふち》にひそみかくれる潜龍《せんりゅう》のきもちがすこしわかったような気がした。

どうしておじいちゃんは、あんな人に聞きなさいって手紙を書いたんだろう？

もう二度と行くもんか——。

だけど、そうはいかなかった。

「あー！」

家に帰ってから、ぼくはリュックをあけて大声《おおごえ》でさけんだ。おじいちゃんからもらった易経《えききょう》の本と手紙を乾惕堂《けんてきどう》に忘《わす》れてきちゃった。悪《あく》の妖怪《ようかい》にひとじちをとられたようなきもちがした。

どうやって夢をかなえたんですか？

1

ゆうごはんのとき、お父さんはまだ仕事から帰っていなかった。だまって乾惕堂《けんてきどう》に行って、本と手紙を忘《わす》れてきたことを話したらきっと、お父さんに怒《おこ》られる。

お母さんに、いっしょに乾惕堂《けんてきどう》へ行ってとたのみたかった。ごはんを食《た》べながら、どうしようか、さんざんまよったけれど、お母さんに話すことはやめた。お母さんだって怒《おこ》るかもしれない。それよりも、ぼくはお母さんにあまりめんどうをかけたくなかった。

ぼくの弟《おとうと》の坤太《こんた》はやんちゃで元気《げんき》だけれど、ぜんそくという病気だ。ときどき発作《ほっさ》をおこして、ヒューヒューと息《いき》が苦《くる》しそうになる。二才のときから入院《にゅういん》も何度《なんど》かした。

夜にぐあいが悪くなるとお母さんはずっと坤太のそばについて、ひどくなったときは真《ま》夜中《よなか》に病院に連《つ》れていくこともある。ぼくも坤太が苦《くる》しそうだとかわいそうで不安《ふあん》になる。

坤太はいつぐあいが悪《わる》くなるか、わからないんだ。だから、ぼくはお母さんには言わないで、本と手紙のことは一人《ひとり》で解決《かいけつ》しようと思った。

その夜は本と手紙のことが気になって、なかなかねむれなかった。

次の日は、朝ごはんを食べてから、お母さんと坤太《こんた》と庭《にわ》の草むしりをした。坤太はだんごむしと遊《あそ》んでいるだけだったけどね。

草むしりのあいだ、ずっと本と手紙のことを考えていた。

易経《えききょう》の本がなかったら、もう龍の国へも行けないし、王様にも会えない。どうしても、もう一度、乾惕堂《けんてきどう》に行かなくちゃならない。

でも、いろいろな職業《しょくぎょう》の人五人に、どうしてその職業《しょくぎょう》についたのか聞くことができなかったら、もう来《こ》なくていいってゴロさんに言われたことが心に重《おも》くのしかかっていた。ほんとうを言えば、おっかなくて、もう行きたくない。

草をとりながら、王様と龍が助《たす》けに来てくれたらいいのにな、と思って、ときどき空の雲《くも》を見上げた。

「ああ、庭がきれいになった！　二人が手伝《てつだ》ってくれて早《はや》く終わったわ。乾太《けんた》、一休《ひとやす》みしたらクリームパン買ってきて。九時になれば焼《や》けているから」

お母さんはクリームパン四つ分と言って、五百円玉を一枚くれた。

「おやつの時間じゃないのにいいの？　やった！」

「わーい！　おにいちゃん、早く、早く、買ってきて」

坤太はまちきれないようにぴょんぴょん飛びはねた。

2

あんまり坤太《こんた》がせかすので、ぼくは朝日町商店街《あさひちょうしょうてんがい》のパン屋へと自転車を走《はし》らせた。

ぼくの家は森山公園《もりやまこうえん》という広《ひろ》い公園の近くにあって、そのむこうに泰平川《たいへいがわ》という大きな川がある。商店街までは、自転車で5分。森山公園のわきの道をまっすぐに走って、信号《しんごう》を曲《ま》がると商店街の入り口がある。

青空《あおぞら》ベーカリーは商店街を入《はい》ってすぐの青い建物《たてもの》で、ウインドウのむこうにはいつもおいしそうなパンがたくさん並《なら》んでいる。商店街のなかで、ぼくがいちばんわくわくする店だ。

「おはようございまーす！」

「あら、乾太《けんた》くん、おはよう。早いわね、もう夏休みだものねえ」

青空ベーカリーは田中さんというおじさんとおばさんがやっているお店だ。おばさんはいつもにこにこしてやさしい。小さいころからお母さんとパンをよく買いに来ているから、たまに一個多《いっこおお》く、パンをおまけしてくれることもある。

「クリームパン、でしょう？」

「うん！　草むしりしたから、お母さんが買ってきていいって。四つください」

「あら、お手伝《てつだ》いしてえらいわね。でも、まだ焼《や》けてないのよ。もうちょっとで焼けるからここにすわってまっていて」

おばさんはレジカウンターの横《よこ》に小さないすを出してくれた。

カウンターのおくはパンを焼く工房《こうぼう》になっていて、ガラスごしにおじさんがパンをつくっているようすを見ることができる。工房《こうぼう》には若《わか》いお兄《にい》さんが二人いて、いつも三人でおいそがしでパンを焼いている。

ぼくはおじさんたちが手を粉《こな》だらけにして、パンをつくる姿《すがた》を見るのが好きだった。台《だい》に粉をパッとまいて、パンの生地《きじ》を切ったり、のばしたり、丸《まる》めたりして、いろんな形のパンが魔法《まほう》みたいにあっというまにできていく。

工房《こうぼう》をのぞいているぼくに気づいて、おじさんが、「ようっ！」と手をあげてくれた。ぼくも手をふってあいさつした。

次々《つぎつぎ》にパンをオーブンに入れたり出したりしているのを見ていたら、クリームパンがオーブンから出てきた。

「まだ熱《あつ》いからすこしさめるまで、もうちょっとまってね」

おばさんがぼくのとなりで工房《こうぼう》の窓《まど》をのぞきながら言った。

すこしして、おじさんがにこにこしながらパンを店に運《はこ》んできた。

「おまちどうさま。乾太《けんた》くん、焼きたてはおいしいぞー」

「わあ、早く食べたい！」

網《あみ》にのせられたクリームパンが光って見えた。

「乾太くんは小さいころからクリームパンが大好きなのよね」

おばさんがパンをていねいに袋につめながら言う。

「うん、すっごくおいしいもん。十個でも食べられるよ！」

「ハハハ！　ほんとうに好きなんだなあ、ありがとう、うれしいよ。つくったパンを〝おいしい〟って買いに来てもらうのが、おじさんの夢だったんだよ」

夢、と聞いてぼくはどきっとした。

「パン屋さんになっておいしいパンをつくることが、おじさんの夢だったの？」

「そうだよ」

そう言って力強《ちからづよ》くうなずいたおじさんが、いつもよりかっこよく見えた。

「いつごろパン屋さんになりたいって思って、どうやってパン屋さんになったの？」

「こどものころからパンが好きで、いつか自分でおいしいパンを焼《や》いてみたいって思っていてね、それで、学校を卒業《そつぎょう》してすぐにパン屋で働いたんだ」

「パンをつくるのが上手《じょうず》だったんでしょう？」

いや、いや、とおじさんは、手を横《よこ》に大きくふった。

「ハハハ、それがぜんぜん、へたくそだった」

「ええっ、うそだあ」

ぼくは青空ベーカリーのパンはきっと世界一《せかいいち》おいしいと思っている。大きなコンクールで優勝《ゆうしょう》したこともあるってお母さんに聞いたこともあるし、お父さんとお母さんはここのフランスパンが大好きで、いちばんおいしいっていつも言っている。

「ほんとうだよ。働きはじめたときはなにもできなくて、もう、先輩《せんぱい》や師匠《ししょう》に怒《おこ》られてばっかりだったよ」

おじさんがなにもできなくて、へたくそだったなんて信《しん》じられなかった。

「それでも夢をあきらめなかったの？」

「そうだね。下働《したばたら》きといって、最初《さいしょ》はそうじと洗《あら》いものだけしかやらせてもらえなかった。そのときはつらかったけれど、それでも、どうしてもパンづくりが習《なら》いたかったからね」

淵《ふち》で、小さくなってうずくまっている潜龍《せんりゅう》の姿《すがた》が思いうかんだ。おじさんは潜龍《せんりゅう》だったんだ！　と思わず言いそうになった。

「あの、それからどうやって、いまみたいに上手《じょうず》になったの？」

「パンづくりの名人《めいじん》だった師匠《ししょう》に教《おそ》わって、何度《なんど》も、何度もパンを焼《や》いて、あきらめないで練習《れんしゅう》したんだよ」

こんどは、頭のなかで飛龍《ひりゅう》が小川のつくりかたをやって見せて、それをまねしている見《けん》龍《りゅう》の姿を思い出していた。

「先生を見てまねて、くりかえし、くりかえし練習《れんしゅう》したということ？」

「そうそう、よく知っているね。おじさんが若《わか》いころは、『見ておぼえなさい』ってよく言われていたよ。ことばで教《おそ》わるよりも、師匠《ししょう》のやることを見て、それをひたすらまねしておぼえたんだ」

おじさんは潜龍《せんりゅう》から見て学ぶ見龍《けんりゅう》になったんだ。王様に教《おそ》わったとおりだ。

「おじさん、とってもがんばったのよ。もっとパンの勉強をしたくて、若《わか》いころに一人《ひとり》でフランスにも行ったのよ」

おばさんがクリームパンの入ったふくろをぼくに手わたして言った。

「一人で……すごいや」

おじさんの顔を見上げた。

「おいしいフランスパンを焼きたくて勉強に行ったんだよ。ことばもよくわからなかったけど、もっとおいしいパンを焼きたいっていう思いだけだったなあ」

ぼくもパイロットになって、遠《とお》い外国《がいこく》に行ってみたい。

「どうしてそんなにがんばれたの？」

「そりゃ、おいしいパンをたくさんの人に食べてもらいたいって夢があったから、がんばれたんだよ」

おじさんはちょっとてれくさそうに、「ありがとうね」と言いながら、また工房《こうぼう》にもどっていった。次のパンが焼けたみたいだった。まだ聞きたいことがあるけど、おじさんはとてもいそがしそうだ。

ぼくは、おばさんにクリームパン代をわたした。

「はい、おつり。あのね、おじさんは毎日、朝の4時からパンを焼いているのよ」

ぼくの手におつりをのせながら、おばさんが言った。

「そんなに早くから？」

「乾太《けんた》くんみたいに、お客《きゃく》さんが楽しみに買いに来てくれるからがんばれるのよ。いつもありがとうね」

おばさんはうれしそうに笑った。

「おじさんに話が聞けてよかった。ありがとうございました！」

工房《こうぼう》にいるおじさんたちにも手をふって、店を出た。

3

そうだったんだ、魔法《まほう》みたいにパンをつくれるおじさんでも、初《はじ》めはなんにもできなかったんだ。王様に教《おそ》わったことはほんとうで、龍の話は夢のかなえかたが書いてあるんだ。

ぼくは自転車《じてんしゃ》をこぎながら、なんだか胸《むね》のあたりがあつくなった。

やっぱり、早く本と手紙をとりに行こう。カミナリゴロゴロのゴロさんはおっかないけれど、負《ま》けないぞ。

「あれ？」

公園でいちばん大きな樫《かし》の木の横を走っているとき、ぼくは気づいた。

「なぜその職業《しょくぎょう》についたのか、五人の人に聞く」っていうゴロさんが出した宿題《しゅくだい》をすっかり忘《わす》れていたけれど、それはいま、青空ベーカリーのおじさんに聞いたことじゃないか。

そうか、さっきみたいにたずねたらいいんだ。

あと四人の人に聞いたら、どうどうと本と手紙をとりもどしに行ける。

やれるぞと思ったら、きゅうに元気が出てきた。公園の森からふくすずしい風がここちよくて、重《おも》くるしかったきもちがどんどんかるくなっていく気がした。

家に帰って食べた焼きたてのクリームパンは、クリームがほかほかあたたかくて、やわらかくて、とびきりおいしかった。こんなにおいしいのは青空ベーカリーのおじさんの夢がつまっているからかもしれない。

4

それから、ぼくは自分の部屋に行って、聞いたことを忘《わす》れないように新しいノートに書いた。

一人目
青空ベーカリーの田中のおじさん
毎朝《まいあさ》、四時からパンをやいている
「どうしてパン屋さんになったのか」

パンが好きでいつか自分でおいしいパンをやきたかった。

おいしいパンをつくってみんなによろこんでもらうのが夢だった。

さいしょはへたくそでなにもできなかった。

そうじとあらいものしかさせてもらえなかった。

パンの名人《めいじん》に教《おそ》わって、名人を見て、何度もパンをやく練習《れんしゅう》をした。

「見ておぼえなさい」と言われた。

一人でフランスにも勉強に行った。

おいしいパンをつくりたくてがんばった。


あと四人の人に聞いて、もう一度、ゴロさんのところへ行って、本と手紙をかえしてもらうんだ。ぼくはノートの表紙に「夢のかなえかた」と書いて、一人で「よーし！」とガッツポーズをした。

「あら、宿題《しゅくだい》やっているの？　なんだかやる気まんまんね」

はっとしてふりかえると、開《あ》けっぱなしのドアのむこうに、せんたくかごを抱《かか》えたお母さんが立っていた。

「う、うん。まあね！」

あーおどろいた。お母さんはノートには気づかず、ベランダでせんたくものをほしながら、鼻《はな》うたを歌いだした。ぼくはそっとノートをひきだしのおくのほうにしまった。

だけど、次《つぎ》はだれに聞いたらいいだろう？

「乾太《けんた》、三時から文化センターで合唱《がっしょう》の練習《れんしゅう》でしょう？　遅《おく》れないように行きなさいね」

ベランダからお母さんが言う。

「うん、剛《つよし》といっしょに行くよ」

そう、今日は午後から合唱の練習がある。ぼくは地区《ちく》のこども合唱団に入っていて、ふだんは週に一回の練習だけど、この夏休みは練習の日がふえた。

八月の最後の土曜日、泰平川《たいへいがわ》花火大会の日に、川の近くの広場でこども夏まつりが開かれる。出店《でみせ》のほかに今年はステージをつくって、地区のこどもの音楽クラブやダンスクラブが出演《しゅつえん》することになった。ぼくらの合唱団《がっしょうだん》も歌うことになって、今日からその練習が始《はじ》まるんだ。

ぼくは自分で歌があんまりうまいとは思わないけれど、お母さんがおとなの合唱団に入っていて、よく家でも歌っている。ぼくもいっしょに歌っているうちにたのしくなって、四年生になってからこどもの合唱団に入った。

年に一回、地区の音楽演奏《えんそう》会があって文化センターのホールで合唱する。ほかにも、敬《けい》老《ろう》の日に老人施設《ろうじんしせつ》へ行ってミニコンサートをしたり、来週も老人施設へ訪問《ほうもん》コンサートに行くことになっているんだ。

合唱団の練習《れんしゅう》はたのしくて、休《やす》まずにかよっている。歌を教《おし》えてくれる水沢節朗《みずさわせつろう》先生は朝日町に住んでいる音楽家《おんがくか》で、オーケストラの指揮者《しきしゃ》をしている。歌の先生もできて、ピアノも弾《ひ》けるんだ。練習《れんしゅう》はきびしいけれど、音楽が大好きでおもしろくて、いつもぼくらを笑《わら》わせてくれる。

「あ、そうだ」

ぼくは名案《めいあん》を思いついた。水沢先生にどうして音楽家になったのか、聞いてこよう！

5

午後になって、ぼくは楽譜《がくふ》のファイルをリュックに入れて、文化センターへ練習《れんしゅう》にむかった。とちゅう、剛《つよし》の家によったら剛はもう家の前に立ってぼくをまっていた。内野剛《うちのつよし》は幼稚園《ようちえん》のときからずっと仲《なか》がいい、ぼくのいちばんの〝親友《しんゆう》〟だ。すごい食《く》いしんぼうでぼくの二倍《にばい》くらいごはんを食べる。だから、背《せ》は同じくらいなのに、からだの幅《はば》はぼくの二倍くらいある。

「よ！」

剛はほそい目をもっとほそくしてニッと笑った。夏休みが始まってから剛に会うのは初めてだった。

「宿題《しゅくだい》やってる？」

歩きだしてすぐ剛が言った。

「まだぜんぜん。あ、計算だけ終わった」

作文からやろうと思っていたけれど、書けないから先に計算と漢字の書きとりをやることにした。

「すごいな、おれなんかまだなにもやってないよ」

そういえば、剛は将来《しょうらい》の夢ってあるのかな？　まだ聞いたことがなかった。

「宿題の将来《しょうらい》の夢って作文さ、剛はなにになりたいって書く？」

剛はまよわずすぐに答えた。

「料理人《りょうりにん》って書こうかな。それか空手家《からてか》もかっこいいかな」

食べることが大好きな剛には、料理人はぴったりだ。空手も小学校に行く前から習《なら》っている。

「乾太《けんた》はなんて書く？」

「うーん……まだわからないや」

ぼくはパイロットになりたいと剛《つよし》に言えなかった。

王様はこんなぼくを見たらどう思うだろう。空には雲が一つもなくて、太陽がじりじりと照《て》っていた。

「なあ、乾太《けんた》、知ってる？」

剛はおでこから流れるおおつぶの汗《あせ》をタオルでゴシゴシふきながら言った。

「うん？」

「こども夏まつりでおれたちが歌うときさ、指揮者《しきしゃ》をこども合唱団《がっしょうだん》のなかから一人えらぶんだって。うちのお母さんが言っていた」

剛のお母さんも、うちのお母さんといっしょにおとなの合唱団に入っている。

「へえ、どうして先生じゃないの？」

いつも合唱の指揮《しき》は水沢《みずさわ》先生がやっていて、伴奏《ばんそう》のピアノは中学二年生の佐野《さの》さんが弾《ひ》いている。

「こどもまつりだから、こどもだけでやるんだってさ」

「ふうん」

水沢先生はたまにぼくらに指揮《しき》も教《おし》えてくれる。一人ずつ前に出てやったことがあるけれど、ぼくはぜんぜんできなくてみんなに笑《わら》われてしまった。

6

文化センターについたら、入り口に川田晴孝《かわだはるたか》くんが、いつもいっしょにいる同じ学校の田中純《じゅん》と宮崎明人《みやざきあきひと》といた。じつは川田くんも合唱団のメンバーなんだ。歌もすごくうまい。最近はサッカーの練習《れんしゅう》があって合唱団にはなかなか出てこないけれど、こども夏まつりの合唱には参加《さんか》するって言っていた。

背《せ》の高い川田くんは学年でも目立《めだ》つ存在《そんざい》だ。ふだん、友だちは名前《なまえ》か名字《みょうじ》を呼《よ》びすてにしているのになぜか、みんな川田くんのことは「くん」をつけて呼《よ》んでいる。同《おな》い年《どし》の友だちとくらべておとなっぽく見えるからかもしれない。

「あれ？　なんで宮崎がいるの？」

剛《つよし》はキッとした目をして宮崎を見た。

「練習《れんしゅう》を見にきたんじゃない？」

合唱団に入っているのは、ぼくと剛、川田くんと田中の四人だ。剛と宮崎は仲《なか》が悪《わる》い。宮崎は川田くんがいるとおとなしいのに、いないところでは剛のことを「ほそ目」とか、

「タンク」とか言ってしつこくからかうからだ。

「おう！」

川田くんがぼくたちに気づいてかっこよく手をあげた。

練習《れんしゅう》する部屋《へや》へいっしょに歩いていくと川田くんが言った。

「宮崎もこども夏まつりの合唱に入るって。先生が、男子が足《た》りないって言っていたから、さそったんだ」

剛はぼくのほうをむいて、ちぇー、という顔をした。

そういえば、夏休みに入る前の練習《れんしゅう》のとき、先生がこども夏まつりで歌うときは人数《にんずう》が多いほうがいいから、歌いたい人がいたらさそってほしいと言っていたっけ。

部屋に入ると、もうみんな集《あつ》まっていて、ざわざわしていた。合唱団には小学四年生から中学三年生まで、地区の小中学校にかよっている二十五人のメンバーがいるけれど、メンバーが友だちをさそってきたのか、いつもよりも人数が多いみたいだ。

女子のグループが集まっている横をとおったとき、長い髪《かみ》をポニーテールにしている女子がいた。

「あれ！　かなえちゃん？」

「あ、乾太《けんた》くん！」

スイミングスクールでいっしょのかなえちゃんに会ってぼくはおどろいた。

「なんでいるの？」

かなえちゃんのとなりに合唱団のメンバーの佐々木綾《ささきあや》さんがいた。佐々木さんとはあまり話したことがなかったけれど、そういえば、かなえちゃんと同じ学校だ。

「私、綾ちゃんと同じクラスなの。こども夏まつりの合唱の話を聞いて、参加することにしたのよ」

「そうなんだ」

ふつうに答えたけど、ぼくは心のなかではうれしかった。

「うまく歌えるか、わからないけど」

「大丈夫だよ。水沢先生がちゃんと教《おし》えてくれるから」

気づくと剛《つよし》も、川田くんも、田中も、宮崎も、ぼくのうしろに立っていて、みんな、かなえちゃんとぼくが話しているのを見ていた。

「あれ、だれ？」

荷物置《にもつお》き場の棚《たな》の前で、リュックから楽譜《がくふ》を出しているときに剛が小さな声で言った。

「同じスイミングスクールにかよっている夕日町《ゆうひちょう》小学校の秋本《あきもと》かなえちゃん。水泳がうまいんだよ」

「すごくかわいいな」

「うん」

剛は顔を赤くして、てれ笑《わら》いしている。

「はーい！　じゃ、始《はじ》めます！」

水沢先生がパン、パパパンと始まりの合図《あいず》の拍手《はくしゅ》をすると、みんな部屋《へや》のまんなかに集まって、最初《さいしょ》のあいさつをした。

「初《はじ》めに連絡《れんらく》があります。こども夏まつりはステージで太鼓《たいこ》クラブや、ダンスクラブも出《しゅつ》演《えん》しますが、合唱団の順番《じゅんばん》は、最後《さいご》の八番目、花火大会が始《はじ》まるちょっと前に歌うことになりました。人がたくさん集《あつ》まってくる時間ですから、がんばりましょう！」

みんな「はーい」と言って、パチパチと拍手《はくしゅ》をした。

「それから、こども夏まつりはこどもたちのおまつりなので、合唱の指揮者《しきしゃ》もメンバーのだれかにやってもらうことにしました！」

みんなは「えー！」とおどろいていた。ぼくは剛《つよし》から聞いていたからおどろかなかったけどね。

「だれか、指揮者《しきしゃ》をやりたい人はいますか？　やりたい人は手をあげてください」

水沢先生がそう言うと、みんなはシーンとしずかになった。

するど先生は、「ハイ、ハイ」とおどけて手のひらをみんなのほうにさしだし、だれかが手をあげるようにうながした。

みんな笑ったけど、だれか手をあげないかとまっているだけだった。

「あれ？　だれもいない。じゃ、先生がえらんでいいですか？」

そう聞いて、「えー」、「だれになるんだろう」、「えらばれたらどうしよう」と、ひそひそ声が聞こえてきた。

「では、もし、あとで指揮者《しきしゃ》をやりたいと思ったら、言いに来てください。だれもいなかったら、次の練習《れんしゅう》までに先生が考《かんが》えて決めておきます」

それから、先生は初めて来た人たちに歌う姿勢《しせい》をていねいに教《おし》えた。

姿勢《しせい》をととのえることは歌う前にいつもやっていることだ。まず水沢先生がやって見せて、ぼくらもそれをまねして背《せ》すじをのばした姿勢《しせい》をつくる。

あ、これも見龍《けんりゅう》が飛龍《ひりゅう》の見よう見まねをしているのと同じだ。ぼくはいつもより先生をよく見て、同じようにできるように注意《ちゅうい》した。

「これが歌うときの基本《きほん》の姿勢《しせい》だからね、おぼえてください」

水沢先生は、初めての子たちの一人《ひとり》ひとりの姿勢《しせい》をなおしながら言う。

龍の国の王様が、基本っていうのは上手《じょうず》になるために役立《やくだ》つことだと言っていた。

背《せ》すじをしゃんとのばして、お腹《なか》に空気《くうき》を入れるように息《いき》を吸《す》うと、苦しくなく声がスーッと出るようになる。歌いかたを教《おし》えてもらってから、ぼくは歌うことがたのしくなった。基本ってそういう意味《いみ》なのかもしれない。

そのあと、ぼくたちは発声練習《はっせいれんしゅう》をして夏まつりで歌う二曲、「見上げてごらん夜の星を」と、「君をのせて」を練習《れんしゅう》した。

7

練習《れんしゅう》が終わってみんなが帰りだしたとき、かなえちゃんが

「乾太《けんた》くん、水泳の進級《しんきゅう》テスト、がんばろうね！　バイバイ」

と声をかけてくれた。ぼくと剛《つよし》も「バイバイ」と手をふった。

「乾太、休憩室《きゅうけいしつ》でクッキー食べて帰ろうよ。乾太と食べなさいってお母さんがもたせてくれたからさ」

そういえば、練習《れんしゅう》のとちゅうから、剛のお腹《なか》もグーグー歌っていたなー。

「うん、でもさ、水沢先生に聞きたいことがあるから、ちょっとだけまっててくれる？」

「まさか、指揮者《しきしゃ》になりたいって言うの？」

剛はほそい目をいっぱいに見開《みひら》いて言った。

「ちがう、ちがう、ぜんぜんちがうことだよ」

ぼくはパタパタと手を横にふった。

「水沢先生にどうして音楽家《おんがくか》になったのか、聞きたいんだ」

「へえ、なんで？　自由研究《じゆうけんきゅう》にするの？」

剛は宿題《しゅくだい》になっている調べものの自由研究だと思ったみたいだった。

「そういうわけじゃないんだけど……うん、宿題のことで」

「わかった。じゃ、先に行って食べてるよ！」

よほどお腹がすいたみたいだ。剛は走って部屋《へや》を出ていった。

ぼくはかたづけをしている水沢先生のところへ行って、声をかけた。

「あのう、先生」

「おお、乾太くん、指揮者《しきしゃ》をやってくれるの？」

と部屋じゅうにひびくような大きな声で言った。ちょうど、部屋を出ようとしていた川田くんたちにも聞こえたようで、三人がいっせいにふりむいて、おどろいたようにぼくを見た。

「ううん、ちがいます。指揮者はぼくにはできないよ。そうじゃなくて、先生に聞きたいことがあるんです」

ぼくは川田くんたちに誤解《ごかい》されないように、大きめの声で言った。

「なんだ、やってくれたらいいのにな。うん、それでなにかな？」

もう部屋には先生とぼくしかいなかった。

「先生は音楽家《おんがくか》になることがこどものころからの夢でしたか？」

「お、インタビューしてくれるのかい？」

水沢先生はひとみをきらきらさせて笑ってくれた。青空ベーカリーの田中のおじさんもそうだったけれど、夢のことを聞くと目がかがやいてみえる。

「はい、そうです。オーケストラの指揮者《しきしゃ》になることが夢でした。それから合唱《がっしょう》団の指揮者をすることも夢でした」

「どうして指揮者になる夢をもったんですか？」

「たくさんの人に音楽のたのしさ、すばらしさを伝《つた》えたかったからです。でもね、乾太くんくらいの年のころはプロ野球選手《やきゅうせんしゅ》になりたかった！」

「えー、野球選手？」

水沢先生が野球の選手になりたかったなんて、意外《いがい》だった。だって、水沢先生は音楽で心もからだもいっぱいにあふれて見えて、音楽家以外の職業《しょくぎょう》なんて想像《そうぞう》ができなかったからだ。

「そうなんだよ。先生の父も母も音楽が好きで、小さなころからピアノやバイオリン、歌をきびしく練習《れんしゅう》させられたんだ。だけど、なかなかうまくならなくて、いやになってしまった時期《じき》があってね。だからそのときは野球選手にあこがれていたんだ」

「それなのにどうして指揮者になったんですか?」

「中学生のときに母と交響楽団《こうきょうがくだん》のコンサートに行ってね、ある指揮者が指揮する音楽を聴《き》いたとき、からだにビリビリっと電気が走るみたいに感動《かんどう》したんだ。それで、指揮者になりたい、なる! って、思ったんだよ。だからいまは、両親《りょうしん》に感謝《かんしゃ》しているよ」

水沢先生は大きな身《み》ぶり手ぶりで話してくれるから、ぼくにも先生が感動したときのようすが伝《つた》わってくるようだった。

「それから、どうやって夢をかなえていったんですか?」

「それからはピアノもバイオリンも猛練習《もうれんしゅう》して音楽大学を受験《じゅけん》して、大学で指揮《しき》を勉強したんだよ」

「たいへんだった?」

「それはもう。いまだって、たくさん努力《どりょく》しなくちゃならない。けれど、勉強すればするほど、音楽がどんどん好きになっていくよ」

水沢先生はいつも元気で、ぼくたちにいっしょうけんめい歌を教《おし》えてくれる。ちょっと元気がなくて、今日は歌うのいやだなって思う日も、歌いだすと元気になる。それは先生がたのしそうだからだ。

「先生、夢をもってたのしいこと？」

「ああ、たのしいよ。でも、夢をもつと壁《かべ》にぶちあたったり、落ちこんだり、つらいこともある。だけど、それより大きなよろこびがたくさんあるな」

龍の国の乾惕《けんてき》も、小川に岩が落ちてきたり、池があふれてしまったり、たいへんそうだった。躍龍《やくりゅう》だって飛べなくて何度《なんど》も淵《ふち》に落ちていた。ぼくはあんな思いをしたことがない。やっぱり、夢をかなえるのはたいへんなんだな。

「こんどは先生がインタビューしてもいいですか？」

先生は手にマイクをもつふりをして、ぼくに聞いた。

「え！　はい」

「乾太《けんた》くんには夢がありますか？」

水沢先生はぼくにマイクをさしだした。ぼくは困《こま》って、見えないマイクを見つめた。パイロットになりたいことは、王様とゴロさんのほかにはだれにも言えていない。

「先生、だれにも言わないでくれる？」

「まだ、ないしょなんだ。ああ、約束《やくそく》するよ」

うん、うんと水沢先生はかたくうなずいた。

「パイロットになりたいんです」

「それはいいじゃないか！　空を飛ぶなんていいな」

「うん、でも、ほんとうになれるかなって、自信《じしん》がなくて、宿題の『将来の夢』っていうテーマの作文が書けないんだ。まだ、なるって決められないのかも……」

ぼくの声はだんだん小さくなっていった。自分でもなさけない。

「夢があるなら、心をまっすぐにそこにむけることが大切なんだよ。先生も応援《おうえん》するからがんばって」

水沢先生はふたたび、ぼくにマイクをむけた。

「はい……がんばります。ありがとうございます」

ぼくは話に夢中《むちゅう》になっていたけど、剛《つよし》がまっていることを思い出した。

「あ、先生、剛がまっているから、もう行かないと。ありがとうございました。またインタビューしてもいいですか？」

「もちろん」

そう言って水沢先生はすっと手をあげた。ぼくは先生とパチン！　とハイタッチした。

8

休憩室《きゅうけいしつ》に行ったら剛《つよし》はクッキーのはこを抱《かか》えていた。

「もう、クッキーがなくなっちゃうよ!」

「ごめん、ごめん」

ぼくはクッキーを二枚もらって、いそいで食べた。

帰り道に剛がぼくに聞いた。

「なあ、乾太《けんた》はだれが指揮者《しきしゃ》になると思う?」

「佐野《さの》さんか、六年生じゃないの?」

合唱団《がっしょうだん》は小学三年生から中学三年生までのメンバーだけど、いま、中学生は二年生の女子の佐野さんしかいなくて、その下は小学六年の女子が三人いる。

「でもさ、伴奏《ばんそう》のピアノを弾《ひ》ける人は佐野さんしかいないし、あと六年生の三人ともバレーボールの練習《れんしゅう》もあって、あんまり合唱の練習に出られないって言ってたよ」

「そうなんだ」

「だから、もしかしたら、おれら五年生のだれかが指揮者にえらばれるんじゃない?」

五年生は男子女子あわせて十人いる。だけど、だれが指揮者になるか、思いうかぶのは一人だけだった。

「それなら、川田くんじゃない？」

「やっぱり、そうだよな、ああ、安心した。おれ、指揮者をやれなんて言われたら、先生みたいにできるわけないもん」

剛は自分が指揮者にえらばれたらどうしようかと思っていたみたいだ。ぼくはそんなことまったく考えていなかった。

家に帰ると、坤太《こんた》がぼくのところへ走ってきた。

「お兄ちゃん、クロール二十五メートル、うかった！」

「やった〜！　すっごいな！」

坤太は去年からスイミングスクールにかよいはじめた。今日は、進級《しんきゅう》テストがあったんだ。去年はぜんぜん泳《およ》げなかったのに、めきめき上達《じょうたつ》している。坤太は合格証《ごうかくしょう》を胸《むね》にかかげて、ほこらしげにぼくに見せた。

水泳をやっていると坤太のぜんそくがよくなるみたいよって、お母さんは言っていた。水泳がうまくなって、ぜんそくもなおるといいなとぼくも思う。

それから自分の部屋に行って、水沢先生から聞いたことをさっそくノートに書いた。

二人目
合唱団の水沢先生
音楽家　音楽が大好き

「どうして音楽家になったのですか」

オーケストラのしき者になることが夢だった。

たくさんの人に音楽のたのしさ、すばらしさをつたえたい。

だけど、小学生のころは野球選手になりたかった。

ピアノとバイオリンと歌の練習がつらくていやになった。

でも、オーケストラのコンサートに行ったときにからだがビリビリっとして、かんどうして、しき者になりたいと思った。

ピアノとバイオリンをいっしょうけんめいやって、音楽大学に入って、しき者になった。

夢をもつのはたいへんでつらいこともあるけど、よろこびも大きい。

夢があるなら、心をまっすぐむけること。

水沢先生は、ビリビリって感動《かんどう》したときに指揮者《しきしゃ》になりたいと思ったって言っていた。そのときに潜龍《せんりゅう》になったのかな。それから大学に入って、だれか先生から指揮を教《おそ》わったんだろうな。そこから先は今度《こんど》聞いてみよう。あと三人、だれに聞いたらいいか、ぼくは思いをめぐらせた。

9

その晩《ばん》、お父さんが早く帰ってきて、ひさしぶりにいっしょにゆうごはんを食べた。お父さんはいつも夜八時か九時ごろに帰ってきて、朝、六時半には仕事に出かける。毎日いそがしいのに、休みの日は川へつりに連《つ》れていってくれるし、公園《こうえん》のアスレチックでも遊《あそ》んでくれる。

ゆうごはんを食べ終わったあと、お父さんが言った。

「乾太《けんた》も水泳の進級《しんきゅう》テスト、今度はがんばってうかるといいなあ」

「うーん、どうかなあ。まだタイムがとどかないから自信《じしん》ない」

自分ではあまりうかる気がしなかった。ぼくのタイムはずっと同じくらいでコーチにも「なかなかのびないね」といつも同じことを言われているからだ。

「でも、あとすこしじゃない」

お母さんが食器《しょっき》を洗《あら》いながら言った。

「じゃ、大丈夫《だいじょうぶ》だ。がんばれよ」

お父さんははげますように、ぼくの頭をかるくポンポンとたたいた。

あさってから水泳の強化《きょうか》練習《れんしゅう》があって、最後《さいご》の日に進級《しんきゅう》テストがある。ぼくはクロールと平泳《ひらおよ》ぎ、背泳《せおよ》ぎとバタフライもできるようになったけれど、進級テストではこの四種《しゅ》をつづけて泳《およ》ぐ百メートルメドレーのテストがある。

合格《ごうかく》すると上のクラスにあがれる。でも、前のテストでは進級《しんきゅう》できなかった。一つ年下の四年生の子にぬかされちゃって、がっかりした。

かなえちゃんは、今度はきっと合格するだろうな。ぼくが落ちて、かなえちゃんとクラスが分《わ》かれてしまったら、ますますがっかりする。

「お父さんも応援《おうえん》に行きたいけど、テストの日の土曜日は仕事で行けないなあ」

と言いながら、お父さんは新聞《しんぶん》を開《ひら》いた。お父さんは銀行《ぎんこう》につとめている。銀行は午後三時で閉《し》まるのに、どうして帰ってくるのが遅《おそ》いのかなと思っていたら、お店が閉まってからがいそがしいのよとお母さんが言っていた。

そういえば、お父さんの夢って聞いたことがなかった。

「ねえ、お父さん、お父さんは銀行員《ぎんこういん》になるのが夢だったの？」

新聞を読みはじめたお父さんに聞いた。

「夢？　うーん……夢ではなかったな」

お父さんも青空ベーカリーの田中のおじさんや、水沢先生のように、「そうだよ」って答えると思っていたから、ぼくはおどろいた。

「夢じゃなかったけど、銀行につとめたの？」

「まあ、そうだね。大学を卒業《そつぎょう》して、いちばん入りたかった銀行の入社試験《にゅうしゃしけん》にうかったから入ったんだよ。どうした？　そんなにおどろいた顔して」

お父さんは新聞をたたんで、ぼくの顔をのぞきこんだ。

「夢じゃないのにどうしていつもがんばれるの？」

「お父さんの夢は、いっしょうけんめい働いて、家族《かぞく》みんなでしあわせにくらすことだからさ」

そうか、そういう夢もあるんだ。そうだ、お父さんはいつもぼくたち家族のことを考えている。ぼくが学校でなにを習っているかとか、お父さんは仕事でいないから、お母さんしか知らないと思っていたことも、みんな知っている。

「家族でしあわせにくらすことが、こどものころからの夢？」

そう聞いたら、お父さんはあっ！　という顔をした。

「わかったぞ。夏休みの宿題だろう？　将来《しょうらい》の夢の作文を書かなくちゃって言っていたよね。それで聞いたんだな」

「うん、そう……」

そう答えて、すこし胸《むね》がちくんとした。いつも、お父さんからもおじいちゃんからも、「うそはいけない」って言われている。

夢について聞いたのは、ゴロさんに言われたからだ。でもそれは言えなかった。けれど、作文が書けなくて困《こま》っているのは事実《じじつ》だから、うそにならないや。

ほんとうは、お父さんに龍《りゅう》の国へ行ったことや、ゴロさんに会いに行って、本を忘《わす》れてきたことも話したくてしかたなかった。

「将来の夢か。小学生のころは、警察官《けいさつかん》になりたかったよ。中学生のころはおじいちゃんのように学校の先生もいいなと思っていたな」

「どうして警察官にも、先生にもならなかったの？」

お父さんは、うーん、と腕《うで》をくんでなにかを思い出そうとしていた。

「大学《だいがく》を受験《じゅけん》するときに、学校の先生になるかどうしようか考えた。でも、会社につとめてみたくなったんだ。うちはおじいちゃんも、おじいちゃんのお父さんも学校の先生だったから、会社ってどんなところだろうって」

「ふうん、それで銀行《ぎんこう》に入ったんだ。銀行の仕事はたいへんなんでしょう?」

「どんな職業《しょくぎょう》でもたいへんだよ。でも、お父さんはいまの仕事が好きだし、銀行につとめてよかったと思っているよ」

「どうして?」

「銀行は貯金《ちょきん》するだけじゃなく、お金を貸《か》すところだって知っているか? 人が夢をかなえるためにはお金が必要《ひつよう》なんだ。学校にかようため、会社をつくるため、お店を開くため、会社であたらしい商品《しょうひん》を開発《かいはつ》するためにはお金がかかる。そういうたくさんの人の思いをかなえるために、お金を貸してお手伝《てつだ》いをするんだよ」

「えっ、じゃ、お父さんは人の夢をかなえる手伝いをしているんだ」

お父さんの仕事が夢にかんけいするなんて思いもしなかった。じつはお父さんが警察官《けいさつかん》や先生になる夢をかなえなかったことにぼくはちょっとがっかりしていた。だけど、やっぱりお父さんはすごいや。

「そう、人の役に立てるように毎日、毎日、がんばって働いているよ」

ぼくは、夕方にしょんぼりして反省《はんせい》していた乾惕《けんてき》の姿を思い出した。

「お父さんは、毎日、毎日、これでよかったのかって反省してるの? 失敗《しっぱい》したときだけじゃなくてほめられたときも」

「あれ、おじいちゃんみたいなこと言うなあ。おじいちゃんに教《おそ》わったんだろう？　お父さんもこどものころからそう言われて、どうして毎日、反省《はんせい》しなくちゃいけないのかって思っていたけれど、いまはちゃんと守《まも》って、帰りの電車のなかで一日をふりかえって反省しているよ」

おじいちゃんは龍の話を知っているからお父さんに教《おし》えたんだ。でも、お父さんは龍の話を知っているのかな。そう、聞こうとしたとき、

「なんだか二人でたのしそうね。作文の宿題の話？」

お母さんが真っ赤なスイカをのせた大皿《おおざら》をテーブルの上に置《お》いた。

「わー！　スイカだ！」

ぼくと坤太《こんた》はすぐにスイカにかぶりついた。

「おいしい！」

坤太は口のまわりをべちゃべちゃにして笑っている。

「それで、乾太《けんた》は将来の夢、なんて書くんだ？」

お父さんがスイカを食べながら聞いた。

「うん、まだ決められないけど、パイロットとかいいかなと思って……」

スイカに夢中になっていたせいか、すんなりと言えた。すると、

「パイロット！」

お父さんとお母さんが声をそろえて言った。おどろいたみたいだった。

「いいじゃない！　夢は大きいほうがいいもの。ねえ、お父さん」

お父さんがうん、とうなずいて、

「かっこいいなあ」

と、ひじでぼくのことをからかうようにちょん、と突《つ》ついた。

「そういえば、初《はじ》めて飛行機《ひこうき》に乗ったときのこと、おぼえている？　すこしゆれてこわがっていたでしょう？　空港《くうこう》について飛行機をおりるときに機長《きちょう》さんが操縦席《そうじゅうせき》から手をふってくれたわよね」

とお母さん。

「飛行機がゆれたのはおぼえているけど、そうだったっけ？」

お父さんはおぼえていないみたいだ。

ぼくははっきりおぼえていた。機長さんから「機長席《きちょうせき》からおみおくりします」っていうアナウンスがあって、お母さんが「ほら、あそこよ」って操縦席《そうじゅうせき》を指《ゆび》さして教《おし》えてくれたんだ。機長さんはぼくたちを見てずっと手をふってくれて、ぼくも手をふった。

「おぼえているよ！　機長《きちょう》さんが手をふってくれた。ゆれたときも、機長さんのアナウンスで、この飛行機《ひこうき》の運行《うんこう》にはまったく影響《えいきょう》ありませんって言っていた」

飛行機に乗るのは初めてで、大きくゆれたときはこわくてきもち悪《わる》くて泣《な》きそうになったけれど、そのアナウンスを聞いてから、帰りの飛行機は、もうぜんぜんこわくなかった。

「そうそう、よくおぼえているじゃない。ゆれたときはお母さんもこわかったけど、機長さん、かっこよかったわ」

お母さんもこわかったんだ。ぼくには大丈夫《だいじょうぶ》、大丈夫って言ってたのに。

「ぼくもおぼえている！」

坤太《こんた》がさけんで、お父さんもお母さんもぼくも、笑った。坤太はねむっていてお父さんがずっと抱《だ》いていたから、おぼえているはずないんだ。

おふろに入る前に、ぼくは「夢のかなえかた」ノートを開いて、お父さんに聞いたことを書いた。

三人目
お父さん　天野《あまの》　孚《まこと》
銀行につとめている

「どうして銀行員になったのか」

銀行員になるのが夢ではなかった。

いっしょうけんめいはたらいて、家族でしあわせにくらすことが夢。

小学生のときは、けいさつかんか先生になりたかった。

大学をじゅけんするときに先生になろうか、どうしようか、まよった。

おじいちゃんもひいおじいちゃんも先生だったから、会社にはいろうと思った。

銀行でお金をかして、たくさんの人の夢をかなえる手伝いをしている。

たくさんの人の役に立てるよう、がんばっている。

毎日、かえりの電車のなかで反せいしている。

その夜、ぼくは易経《えききょう》の本と手紙がとりもどせるかどうかと不安《ふあん》にならずに、ぐっすりねむった。

みんなのなかに夢を育てる龍《りゅう》がいる

1

翌朝《よくあさ》は、ちょっと朝ねぼうをした。コン、コン、コンという音で目がさめて、時計をみると八時半だった。いつもは七時半には目がさめるのに。ボーッとしていたら、コン、コン、コンという音はどんどん大きくなった。なんだろう?

おきて台所へ行くと、庭《にわ》でお母さんがだれかと話している声がした。

ぼくは居間《いま》の窓《まど》を開けて、庭をのぞいた。日差《ひざ》しがまぶしくて目がくらんだ。今日もかんかん照《で》りだ。

「あら、ねぼすけ。やっとおきたの」

庭にいるお母さんが言った。

「あ、お兄ちゃんがおきた！　ねえ、ほら、見て！」

坤太《こんた》も庭にいて、家の屋根《やね》を指《ゆび》さした。窓からからだを出して見ると、屋根まで長いはしごがかかっていて、屋根の上からだれかが顔を出した。

「あ、謙介《けんすけ》兄ちゃん？」

「乾太《けんた》、おはよう！　ひさしぶりだな」

謙介兄ちゃんは、近所の山下工務店《やましたこうむてん》のお兄さんで、高校の校長先生だったおじいちゃんの生徒《せいと》だった。おじいちゃんのところによく来ていて、小さいころからよく遊《あそ》んでもらっている。去年の夏休みもプールに連《つ》れていってくれた。

「雨《あま》もりがしていたから来てもらったのよ。雨《あま》どいもこわれちゃってたからそれもいっしょになおしてくれているのよ。謙介くん、すごいわ。りっぱになって」

お母さんが屋根を見上げて言った。

「いやーまだまだですよ」

謙介兄ちゃんはコン、コンとかなづちを打《う》ちながら言う。

それからしばらくして、謙介兄ちゃんがはしごからおりてきた。

「終わりました！　これで大丈夫《だいじょうぶ》です」

「台風が来る前になおしてもらってよかったわ。どうもありがとう。すわってつめたいものでも飲んでいって」

お母さんが居間《いま》のテーブルに麦茶《むぎちゃ》と梨《なし》をおぼんにのせて運んできた。謙介兄ちゃんは坤太の頭をなでながら、いすにすわった。ぼくと坤太もそばにすわった。

「先生はお元気ですか？」

先生というのはぼくのおじいちゃんのことだ。おじいちゃんとおばあちゃんがタイに行ったのは、今年の春だった。もう、四カ月くらい会っていない。

「ええ、電話ではいつも元気そうよ。はい、麦茶《むぎちゃ》をどうぞ」

謙介《けんすけ》兄ちゃんは「いただきます」とれいぎ正しく頭をさげた。

「先生はさすがですよね。まさか、外国へ行っちゃうなんて思わなかった」

「ほんとうよね。わたしもおどろいたわ。おばあちゃんもいっしょに行くなんて」

謙介兄ちゃんは、そのあと、すごく小さな声で「やっぱり先生は龍なんだな」とつぶやいた。

ん？　いま、おじいちゃんは龍って言った？　ぼくは聞きまちがいかなと思った。

ぼくと坤太《こんた》は梨《なし》を食べながら、謙介兄ちゃんとお母さんが話すのをだまって聞いていた。

謙介兄ちゃんは今年、二十五歳《さい》になったと言った。

謙介兄ちゃんは大工《だいく》さんになるのが夢だったのかな。とつぜん、聞きたいきもちがむくむくとわいてきた。お母さんたちの話が終わるのをまって、ぼくは聞いた。

「ね、謙介兄ちゃんはどうして大工さんになったの？」

「あら、謙介くんにも聞くの？　いそがしいんだから、あんまり長く聞いたらだめよ」

お母さんがそう言うと、謙介兄ちゃんは、「いいですよ」と言った。

「そう、ありがとう。『将来の夢』っていう作文の宿題が出てね、うまく書けないみたいで昨日もお父さんにいろいろ聞いていたの。少しだけ聞いてやってもらえる？」

お母さんは麦茶のおかわりをとりに行った。

「そっか、『将来の夢』の作文を書くんだ」

「うん、謙介兄ちゃんは大工《だいく》さんになるのが夢だったの？」

謙介兄ちゃんは首《くび》をかしげて、すこし考えていた。

「うーん、夢っていうかね、うちはひいじいさん……ひいじいさんっていうのは、おれのじいさんの、お父さんのことだよ。そのひいじいさんの代からずっと大工の仕事をしてきて、おれは長男《ちょうなん》だから後継《あとつ》ぎなんだ。後継ぎって乾太《けんた》はわかるか？」

「うん、王様のこどもがつぎの王様になることでしょう？」

すると、謙介兄ちゃんは、わざとえらそうに腕《うで》ぐみして、ぐんと胸《むね》をはって、

「わしは大工の後継ぎじゃ〜！」

と、えらい王様をまねしたような太《ふと》い声で言った。それを見てぼくと坤太が笑《わら》うと、謙介兄ちゃんもハハハー！　と笑った。

「そんなにりっぱじゃないけどさ。まあ、そういうことだ。だから、こどものころから家

なものだな」

の仕事を継《つ》いで大工にならなくちゃと思っていたよ。生まれたときから決まっていたよう

後継ぎってなんだかかっこいいなと思った。

でも、最初《さいしょ》から職業《しょくぎょう》が決まっていて、自由に夢をもてないなんて、なんとなくきゅうくつな気もした。

たとえばお医者さんやパイロットになりたくても、大工さんにならなくちゃいけないいんだ。ぼくだったら、どう思うだろう。

「大工さんのほかにはなりたいものはなかったの？」

「あったよ。大工はいやだー！　って思っていたこともあった。中学、高校とサッカーをやっていたから、サッカー選手になりたかった。でも、あきらめた」

え、あきらめた？　夢のたまごを捨てたってこと？

「どうしてあきらめたの？　後継《あとつ》ぎだから？」

「いや、おれに根性《こんじょう》がなかった。ただかっこいいから、なりたかっただけだったんだな」

もしかしたら、ぼくもパイロットはかっこいいからなりたいだけなのかな、と思った。

「それで、山下のおじさんに大工になりなさいって言われたの？」

謙介《けんすけ》兄ちゃんのお父さんは、すごい力持《ちからも》ちでぼくを片手《かたて》でかるがるともちあげてしまう。

「それが、おやじは仕事を継《つ》いでくれなんて一度も言ったことがなくて、好きなことをやればいいって言ってくれたよ」

「そうなんだ……なのに、どうしてほかの夢をもたなかったの？」

「こどものころからじいさんとおやじの背中《せなか》を見て育ってきて、やっぱり、大工《だいく》になりたいと思ったんだよ」

「背中を見るってどういうこと？」

「あ、ちょっとむずかしいか。こどもは『親の背中を見て育つ』って言ってさ、親がいっしょうけんめい仕事をしているうしろ姿《すがた》を見て、親からなにも言われなくても同じようになるっていうことだよ。わかる？」

ぼくは、潜龍《せんりゅう》が飛龍《ひりゅう》になる夢をえがくことや、見龍《けんりゅう》が飛龍《ひりゅう》を見てまねをすることと同じことかな、と思った。

「うん、じゃ、ずっと山下のおじさんとおじいさんを見て、勉強しているんだ」

「そう。だけど学校でも勉強したんだよ。大学の建築科《けんちくか》に入って、それから建築会社に就《しゅう》職《しょく》もした。その会社をやめて、ことしから家の工務店《こうむてん》で働いているんだ」

お母さんが謙介兄ちゃんに麦茶のおかわりをもってきた。

「乾太《けんた》、謙介くんはえらいのよ。家で働きながら、一級建築士《いっきゅうけんちくし》の免許《めんきょ》をとる試験《しけん》をうけるんですって」

「一級建築士ってなに？　家を建《た》てる人？」

ぼくが聞くと、謙介兄《けんすけ》ちゃんは
「かんたんに言うと、家よりももっと大きい学校や病院やビルも建てられる免許だよ」

と教《おし》えてくれた。

「じゃ、高層《こうそう》ビルも建てられるようになるの？」

「そうだよ。おれは将来、でっかいビルを建てて大金持《も》ちになるかもしれないぞー」

謙介兄ちゃんは大金持ちになりたいのかな。大金持ちになる夢は大きいようでじつは小さい夢だって、王様は言っていた。

「大金持ちになることが夢？」

ぼくが聞くと、謙介兄ちゃんは、「じょうだんだよ。でもお金はかせがないとな」と笑った。ああ、よかった。

「乾太《けんた》、おれの夢はね、ビルを建てることじゃないんだ。うちの工務店《こうむてん》をもっと大きくして、じいさんやおやじみたいにいい住まいをたくさん建てて、お客さんに喜《よろこ》んでもらいたいんだ」

そう言って、「なんかはずかしいな」とてれくさそうに頭をかいた。

「謙介くん、ほんとうにたのもしくなったわ」

お母さんは、てれている謙介兄ちゃんを見てほほえんだ。

「いえ、まだまだ半人前《はんにんまえ》です」

と、また頭をかいた。

「乾太、この家はうちのおじいちゃんが、謙介くんのおじいさんとお父さんにたのんで建ててもらったのよ」

お母さんは大きく腕《うで》を広げて言う。

「えっ、本当？　じゃあ、この柱《はしら》も天井《てんじょう》も、階段《かいだん》も、ぜんぶ、山下のおじさんたちがつくったの？」

「そうよ」

すごい。ぼくはそれまで、そんなことを考えて家を見たことがなかった。

「で、乾太はなにになりたいって作文に書くんだ？」

謙介兄ちゃんが聞いた。

「うん、パイロット……」

「へえ！　パイロットか。あ！　いいものがある。ちょっとまってな！　家にとりに行ってくる」

謙介《けんすけ》兄ちゃんは走って家に行った。

ぼくが庭に出てまっていたら、謙介兄ちゃんはすぐにもどってきた。

「ほら、これ、あげるよ」

と言って本をさしだした。本の表紙には『パイロットになるための本』と書いてあった。

「あっ！　ありがとう！」

「小学生のころに飛行機《ひこうき》の本がほしいって言って買ってもらったんだ。ちょっと古くなっているけど、小学生向《む》けの本だから乾太《けんた》にも読めるよ。作文を書くのに役立つかもしれないと思ってさ」

ぼくはさっそく本を開《ひら》いてみた。航空機《こうくうき》の操縦席《そうじゅうせき》の写真《しゃしん》ものっている。航空機パイロットの仕事ってどんなことをするのか、どうしたらパイロットになれるか、が書いてあった。

ぼくが本を見ているあいだに、謙介兄ちゃんはものすごく早く動《うご》きまわって、パッパと道具《どうぐ》をかたづけ終《お》えた。帰ろうとする謙介兄ちゃんに

「もう一つだけ、聞いてもいい？」

とぼくは聞いた。気になっていたことがある。

「いいよ、なんだ？」

「さっき、先生はやっぱり龍なんだって言っていたでしょ？」

「あ、聞こえた？　そう、言ったよ」

「おじいちゃんが龍だっていうこと？」

「そう。乾太は先生の龍の話を聞いたことあるか？　潜龍《せんりゅう》っていう龍が初《はじ》めに出てきて、空を飛んで雨をふらす飛龍《ひりゅう》っていう龍になる話」

「え！　うん、知っている」

おじいちゃんには聞いたことないけれど、そう答えた。おじいちゃんは謙介兄ちゃんに龍の話をしたんだ！

「そうか、知っているんだ。飛龍《ひりゅう》ってかっこいいよな」

「うん！」

ぼくの頭のなかは雲を連《つ》れて空を飛ぶ飛龍《ひりゅう》の姿がいっぱいに広がった。

「おれが高校生のとき、進路《しんろ》にまよっていたら、先生が龍の話をしてくれてね。おもしろくて、何回も聞きに行ったよ。それで先生が『私ももうすぐ学校をやめて、また潜龍《せんりゅう》になるから、おまえも潜龍《せんりゅう》になれ！』って言ってくれて。それで大学に行ってから家を継《つ》ごうって決めたんだ。先生のおかげだよ」

「謙介兄ちゃんはそのときに潜龍《せんりゅう》になったんだ。いいなあ」

「うん。だけど、いまはまだやっと目が開いたばかりの見龍《けんりゅう》ってところかな」

ぼくはほんとうにパイロットになりたいのか自信《じしん》がない。なれるかどうかもわからないから不安《ふあん》でいっぱいだ。

謙介《けんすけ》兄ちゃんは玄関《げんかん》でお母さんとあいさつして戻《もど》ってくると、ぼくの前にしゃがんで、笑顔《えがお》で言った。

「乾太《けんた》はパイロットにだってなんだってなれるぞ。きっと先生がいたら、こう言うよ。潜《せん》龍《りゅう》になれ！　ってね」

そして、ぼくの頭をクシャクシャッとなでて、「じゃあ、またな！」と帰っていった。

潜龍《せんりゅう》になれ！　と言われたとき、ぼくは水沢先生みたいにからだがビリビリッとしたかんじがした。なんだかハッとして、謙介兄ちゃんがくれた本をぎゅっと胸に抱《かか》えた。

2

四人目の謙介兄ちゃんに聞いたことをノートに書きながら、いろんな人がいて、職業《しょくぎょう》があって、いろんな夢があるんだなって思った。夢をえらべなかった後継《あとつ》ぎの謙介兄ちゃんも、ちゃんとこれからの夢をもっていた。

みんなにどうしてその職業《しょくぎょう》についたのかを聞いて、いままで知らなかったことを知ることができて、気がつかなかったことにたくさん気づかされた。

四人目

山下けんすけさん　二十五才

山下こうむ店のあとつぎ　おじいちゃんの生徒《せいと》だった

「どうして大工《だいく》さんになったのか」

ひいおじいさん、おじいさん、お父さん、けんすけ兄ちゃん、みんな大工さん。

こどものころから家をついで大工さんにならなくちゃと思っていた。

高校生のころは大工さんはいやだった。サッカー選手になりたかった。

でも、なれないとあきらめた。根性《こんじょう》がなかった。かっこいいからなりたいだけだった。

お父さんは大工さんにならなくてもいいといった。

でも、おじいさんとお父さんの背中《せなか》を見て、

おじいさんとお父さんのようになりたいと思った。

大学のけんちく科を卒業《そつぎょう》してけんちく会社につとめた。いまは家の仕事をしている。

いまの夢はこうむ店を大きくして、いい住まいをたくさんたてて、

人によろこんでもらいたい。

ぼくのおじいちゃんにせんりゅうになれと言われて、せんりゅうになった。

謙介《けんすけ》兄ちゃんはちゃんと潜龍《せんりゅう》になったんだ。『パイロットになるための本』をもらって、龍の話もできて、ぼくはすこし夢に近づいたような気がした。

3

あともう一人に話を聞いたら、ゴロさんのところへ行ける。最初は本と手紙をとりに行くために聞いていたけれど、ぼくはもっといろんな人に夢の話、仕事の話を聞きたくなっていた。

その日の午後、お母さんが
「乾太《けんた》も髪《かみ》の毛、そろそろ切らないとね。坤太《こんた》と美容室《びようしつ》に行くから、あんたも来なさい」

と、ぼくに言った。

「まだいい。短《みじか》いのいやだ」

ぼくは少し伸《の》びてきたいまの髪《かみ》が気にいっていて、切りたくなかった。いつもはお父さ

ん と床屋《とこや》さんへ行っているけれど、この前、すごく短《みじか》く切られて、しばらくへんな頭で過《す》ごさなくちゃならなかった。

お母さんは、ぼくの髪をさわりながら、

「じゃあ、少し長めにしてかっこよくしてもらえばいいじゃない」

と言うので行く気になった。美容室《びようしつ》は三人いっしょにはできないから、ぼくはあとから行くことになった。

いつもお母さんが行っている美容室《びようしつ》は朝日町商店街《あさひちょうしょうてんがい》のなかにあって、ぼくも何度かいっしょに行ったことがある。ドアを開けてなかに入ったら、さっぱりした髪になった坤太が、受付《うけつけ》のそばのソファにすわって、マンガを読んでいた。

「坤太、かっこよくなったたな」

となりにすわると、坤太は
「あ、お兄ちゃん。うん、かっこいいでしょ！」

坤太はせっかくきれいになった髪を両手《りょうて》でゴシゴシこすって、くしゃくしゃにした。

「いらっしゃいませ。こんにちは！」

おかっぱの髪《かみ》をした女の人がむかえてくれた。

お母さんは、その美容師《びようし》さんをツチヤさんと呼んで、「この子は長めの髪が好きみたいなの。すこしさっぱり見えるように、かっこよくしてやってね」と、ぼくのことをお願いして、買い物するからと、坤太《こんた》と先に帰った。

ツチヤさんは「まず、シャンプーしましょう」と、ぼくをシャンプー台にあおむけにねかせた。

「乾太《けんた》くんは、あまり短くしたくないのよね。まかせてね」

ツチヤさんの手はまるで機械《きかい》みたいにうごいて、髪《かみ》を洗《あら》ってくれた。ぼくもさわったことがない頭のすみまで手が届《とど》いているようだ。ゴシゴシ洗っているけれど、ちっとも痛《いた》くなかった。あんまりきもちよくて、ちょっとねむくなった。

「かゆいところないですか？」

「はい、すっごくきもちいいです」

「そう、よかった」

美容室は女の人ばかりでなんとなくはずかしくて、あまり話すつもりはなかった。けれど、髪を切りはじめてからも、ツチヤさんは鏡《かがみ》ごしにいろいろ話しかけてくれて、ぼくは学校のことや、水泳のことを話した。それで、夢のことを聞いてみようと思った。

「あの、夏休みの宿題でいろんな職業《しょくぎょう》の人に聞いているんだけど、美容師《びようし》さんになるのが夢だったの？」

「私？　そう。こどものころから美容師になりたかったのよ。へえ、夏休みの宿題で聞いているの。いままでどんな職業の人に聞いたの？」

ぼくが青空ベーカリーのおじさんと、合唱団の先生、銀行員のお父さん、大工さんと答えたら、ツチヤさんは青空ベーカリーのパンはおいしくて、よく買いに行っていると言った。

「ツチヤさんは、どうして美容師さんになりたかったの？」

「みなさんをきれいにしたり、かっこよくしたりしたくてね」

ツチヤさんは「なんだかてれちゃうな」と言いながら、はさみをすごく早くうごかして、シャキシャキとぼくの髪《かみ》を切っていく。

たまに鏡《かがみ》ごしにぼくを見て、うまく切れているかどうか確認《かくにん》しているみたいだ。かっこよくしてくれそうだなと思った。

「どうやって、そんなに上手《じょうず》になったの？」

と聞いたら、手をとめて、鏡のなかでほほえんだ。かんたんに切っているように見えるけれど、青空ベーカリーのおじさんのパンづくりと同じで、きっと、すごく練習《れんしゅう》したんだろうなと思った。

「そう、上手《じょうず》？　うれしいな。たくさん練習したのよ」

「頭《あたま》を洗《あら》うのも練習したの？」

「ええ、最初《さいしょ》に練習するのがシャンプーで、これが基本《きほん》だから上手にできないと、腕《うで》のいい美容師《びようし》になれないって、わたしは教《おそ》わったの。指《ゆび》に目がつくほど練習しなさいって言われてね」

「指に目がつくの？」

ぼくは自分の手の指を見た。想像《そうぞう》したらきもち悪かった。

「フフフ、ほんとうに指に目がつくわけじゃないよ。頭のかたちがどんなかなとか、髪がかたいか、やわらかいかとか、指でさわることで見るの。それで、この人にはどんな髪が似合《にあ》うかな、とか、いろんなことがわかるのよ」

そうか、美容師さんが上手になるために役立つことがシャンプーで、それが基本なんだ。たしかにツチヤさんの指には目がついているように、ぼくの頭のすみずみまでていねいに洗ってくれた。指で見るということは、見龍《けんりゅう》の見て学ぶこととにているのかなと思った。

「髪を切るのもたくさん練習したんでしょう？」

「そうよ。毎日、お店が終わってから、夜遅《おそ》くまで練習、練習で三年間、練習ばかりで、それまではお客さまの髪を切ることはできないのよ」

「三年間も練習するの？」

「美容師の専門《せんもん》学校があるの。学校を卒業してから働きはじめたけど、三年間はアシスタントっていってね、先輩《せんぱい》たちのお手伝《てつだ》いをするの。アシスタントをしながら教《おし》えてもらって、練習を重《かさ》ねて、それでようやくお客さまの髪を切らせてもらえるの」

「それで美容師さんになったんだ」

ツチヤさんは、ううん、と首《くび》を横にふった。

「それからも、また練習、練習して、一人前《いちにんまえ》の美容師ってみとめられるまでに五年くらいかかるのよ」

「じゃあ、ツチヤさんはもう五年以上も、美容師さんをやっているっていうこと？」

「そう。今年で七年目よ」

ツチヤさんはまた手を止《と》めて、鏡《かがみ》のなかでぼくの前髪《まえがみ》をパラパラとさわった。しんけんな表情《ひょうじょう》だ。

「こどものころからの夢をかなえて、すごいね」

そう言うと、ツチヤさんは、

「じつは、まだまだ夢があってねー」

と、ぼくの前髪《まえがみ》を切りながら言った。

「えっ、どんな夢？」

「いつか、自分のお店を開《ひら》けたらいいなって思っているの。それがほんとうの夢なの。いつになるかわからないけど」

「そうなんだ。あのね、夢をかなえるには、できるだけはっきり夢をえがいて、まるで実現《じつげん》したかのように想像《そうぞう》することが大切《たいせつ》だって、教《おそ》わったよ」

ぼくは、潜龍《せんりゅう》がいた淵《ふち》で王様に教《おそ》わったことを話した。

すると、ツチヤさんはハッとしたような表情《ひょうじょう》をした。

「わあ！ そうね、はっきりえがいていれば、夢を忘《わす》れないものね。とってもいいことを聞いたわ。ありがとう」

もう一度、髪《かみ》を洗《あら》ってもらって、髪の毛をドライヤーでかわかしたら、ああ、そうだ、こんな髪にしたかったんだと思った。いつもは髪を短く切るとつんつんして横に広がっちゃうんだ。

「ねえ、わたしばっかり聞かれたけど、乾太《けんた》くんはなにになりたいの？」

「うん、パイロットになりたいんだ」

「かっこいいじゃない！ じゃ、乾太くんは空を飛ぶ夢をはっきりえがかなくちゃね。わたしもこれからはお店を開く夢をはっきりえがくことにする」

4

ツチヤさんはぼくが帰るとき、店の外までおくってくれた。

「じゃ、こんどは乾太《けんた》くんのパイロットになる夢の話、くわしく聞かせてね！」

「うん。どうもありがとう」

帰ろうとしたとき、ツチヤさんがぼくのうしろのほうを見て、

「あら？　乾太くんのおともだちだったのかな？　ずっとお店の前でまっていたみたいよ」

うしろをふりむくと、剛《つよし》が立っていた。

「あれ？　剛、どうしたの？」

剛はうれしそうにニッと笑った。

「うん、さっき乾太のお母さんと坤太《こんた》に会って、ここにいるって聞いたから、まってた」

「そうなんだ。気がつかなかった。ごめん」

「いいよ。な、公園のアスレチック行かない？」

「うん、行こう」

ちょうど、剛をさそって遊びに行こうかなと思っていたところだった。

「頭、かっこいいじゃん」

「へへ、そう？」

ぼくは、手で頭をなでた。髪《かみ》の毛がさらさらしてきもちよかった。

公園のアスレチック場の長いロープをのぼってたどりつく、丸太《まるた》のやぐらのいちばん上がぼくと剛《つよし》のお気に入りの場所だ。二人でペットボトルの水を飲んでいるとき、剛がぼくに聞いた。

「乾太《けんた》、パイロットになりたいの？」

剛はぼくとツチヤさんが店の外で話していたのを聞いていたんだ。すこしはずかしかった。

「そう……でもさ、なれると思う？」

剛は腕《うで》をくんで、笑いながら「うーん」とうなった。

「わっかんないけどさ、でも、乾太がパイロットになったら、すっげえかっこいいな！」

と言って、またニッーと笑った。

「川田くんも前からパイロットになりたいって言っているだろ？」

「うん、いつも言っているね」

「なんか、同じパイロットって作文に書きにくいよ」

剛はふしぎそうに
「なんで？」

と聞いた。

「だってさ、みんなの作文、先生は教室にはりだすって言っていただろ。川田くんは頭もよくてなんでもできるしさ、きっと合唱《がっしょう》の指揮者《しきしゃ》にもえらばれるし、パイロットにだってなれるよ。ぼくがパイロットになりたいって書いたら、みんなに笑われるよ」

「そうかなあ。じゃ、作文に書かなきゃいいんじゃない？　二番目になりたいものとか書いてさ。おれはさ、なりたいのは料理人か空手家か、どっちかと言ったら、いまは料理人だけど、作文なら空手家のほうがかっこいいかなって」

剛《つよし》の答えは、ぼくがまったく予想《よそう》もしていなかったことだった。そういう手もあるのかと思った。

「でも、二番目になりたいものがうかばないよ。ぜんぜんなりたくないのを書いたら、それじゃ、うそになっちゃうだろ？」

と言うと、剛は、

「そっか。じゃあパイロットって書いたら？　川田くんだってパイロットになれるかどうか、わかんないし、川田くんと同じでもあんまりかんけいないよ」

剛《つよし》があんまりあっさり言うから、それもそうだ、比較《ひかく》もされないかもしれないと思った。

「そうだね」

「うん。大丈夫《だいじょうぶ》だよ。あー腹《はら》へった。今日、おやつもってないんだ。そろそろ帰ろうか」

剛のお腹《なか》はまってくれない。ぼくたちはそれぞれ家に帰ることにした。

五人目
ツチヤさん
シャンプーとカットが上手《じょうず》な美容師《びようし》さん

「どうして美容師になったのか」

美容師になるのがこどものころからの夢だった。

みんなをきれいに、かっこよくしたくて美容師になった。

さいしょに練習したのはシャンプーだった。

美容師の学校を卒業してから、三年はアシスタントで練習、練習する。

三年でかみを切れるようになって、それからも練習、練習。

五年目にちゃんとした美容師になった。

シャンプーが基本《きほん》。指《ゆび》に目がついているみたいになるまで練習した。

ほんとうの夢は、じぶんのお店をひらくこと。

夢をはっきりえがいていく。


五人の人に話が聞けたのはうれしかったけれど、あのおっかないゴロさんのところへ本と手紙をとりに行かなくちゃと思ったら、書きながら、胸《むね》がドキドキしていた。

明日は午後からスイミングスクールへ練習に行く。お母さんは坤太《こんた》を病院に連《つ》れていって、あとから水泳《すいえい》を見学《けんがく》に来てくれるって言っていたから、練習が始まる前にゴロさんの乾惕堂《けんてきどう》へ行くことにした。

ゴロさんはまさか、本と手紙を捨《す》てちゃってないよね、きゅうに心配《しんぱい》になって、とにかく早く行かなくちゃと思った。

5

翌日《よくじつ》、「夢のかなえかた」のノートをリュックに入れて、ぼくはスイミングスクールに行く時間より、一時間も早く家を出た。

乾惕堂《けんてきどう》の前についていて、ぼくは店のなかをのぞいてみた。いたいた、黒い帽子《ぼうし》をかぶったゴロさんは前と同じく、店のおくの机《つくえ》にすわって本を読んでいた。

胸《むね》のドキドキをおさえるために、すーっと大きく息《いき》をすって深呼吸《しんこきゅう》した。きっと、ぼくが店に入るとゴロさんはガマガエルみたいな声を出して、じろっとこちらをにらむだろう。

「こんにちは！」

ぼくはわざと大きな声であいさつしながら、店のとびらを開けた。

やっぱりゴロさんは、ぼくの予想《よそう》どおり、じろっとぼくを見た。それからガマガエルみたいな声で

「はい、こんにちは」

と、ぶっきらぼうに言って、本に目を落とした。

ぼくは勇気《ゆうき》を出して店のおくの机の前へ歩いていった。

「あの、五人の人にどうしてその職業《しょくぎょう》についたのか、聞いてきました」

するとゴロさんは本を読んだまま、

「ほお」

まるで関心《かんしん》がなさそうな言いかたをした。自分で宿題を出したのに。でも、いいや。それよりも本と手紙をとにかくかえしてもらおう。

「あの、このあいだ、易経《えききょう》の本とおじいちゃんの手紙を忘《わす》れて帰ったんですけど……」

「聞いてきたことをそこにすわって話せ」

今度は、ぼくが言ったことが聞こえていないみたいに言う。ぼくはリュックからノートを出して、机の前にあるいすにすわった。ゴロさんがこっちを見ていて話すよりも、本を読んでいてくれたほうが、気が楽《らく》だ。

「一人目は、」

ノートを見ながら話しだしたら、ゴロさんはパタンと本を閉じて、いすの背《せ》もたれに寄《よ》りかかってぼくをじっと見た。とたんに緊張《きんちょう》して、汗《あせ》がふきだした。

「一人目、は、青空ベーカリーの田中さんに聞きました……田中のおじさんは、毎朝、四時からパンを焼いています」

そう言って、ゴロさんを見たら、今度は目を閉《と》じていた。よかった。

「どうしてパン屋さんになったのかというと、パンが好きでいつか自分でおいしいパンを焼きたかったから。おいしいパンをつくってみんなによろこんでもらうのが夢でした。最初《さいしょ》はへたくそでなにもできなくて、そうじと洗《あら》いものしかさせてもらえませんでした。パンの名人《めいじん》に教《おそ》わって、名人を見て、何度《なんど》もパンを焼く練習《れんしゅう》をしました。

『見ておぼえなさい』と言われました。一人でフランスにも勉強に行きました。

おいしいパンをつくりたいからがんばりました」

ぼくは、田中のおじさんについて、ノートに書いてあることを読みあげた。すると、

「要点《ようてん》はわかったが、それだけか？　そこのパンはうまいのか？」

と、目を開いたゴロさんが言った。

「すっごくおいしい。青空ベーカリーのクリームパンもフランスパンも、早く行かないと売りきれちゃうほどおいしいんです。コンクールで優勝《ゆうしょう》したこともあるんです」

「そういうことをつけくわえて話すんだ」

「はい……」

ぼくは、一人ひとりに聞いたことをゴロさんの前で話した。

水沢先生は、教《おし》えるのがうまくて、ちょっと歌う気にならないときでも練習しだすと元気になることや、お父さんはいつも家族のことを考えてくれていること。おじいちゃんが謙介《けんすけ》兄ちゃんに龍の話をしたことや、パイロットになるための本をくれたこと、ツチヤさんはシャンプーもカットもとっても上手《じょうず》で、ぼくがなりたかった髪《かみ》がたにしてくれたこと、をつけくわえた。

五人目のツチヤさんのことを話し終えたら、ゴロさんは目を開けて、ぼくに聞いた。

「で、おまえはみんなに話を聞いて、どう思った？」

「がんばっていてすごいと思いました……」

「それだけか？」

ガマガエルの声がひびきわたった。

「えっと、龍の話の順番《じゅんばん》どおりに潜龍《せんりゅう》になって、見龍《けんりゅう》になってってって、進んでいって夢をかなえていると思いました」

ふむ、とゴロさんはうなずいた。

「青空ベーカリーのおじさんは、潜龍《せんりゅう》になって、見龍《けんりゅう》になって、一人でフランスにも行って、乾惕《けんてき》にもなって、躍龍《やくりゅう》にもなって、飛龍《ひりゅう》になったのかなと思いました」

「どうして飛龍《ひりゅう》になったと思ったんだ？」

どうしてかなとぼくは、いっしょうけんめい考えて、答えた。

「近所の人はみんな楽しみにパンを買いに行くし、工房《こうぼう》には若い二人のお兄さんがいて、それからお店におばさんがいて、雲を連《つ》れた飛龍《ひりゅう》みたいだったから」

ゴロさんはふむ、ふむとうなずいた。

「よく聞いてきた。そうやって人に聞いたこと、見たことに、龍の話をあてはめて考えることが大切《たいせつ》なんだ」

ゴロさんにほめられて、なんだかすごくうれしかった。

5

ぼくは、さっき家を出る前にゴロさんに聞こうと思ったことがあった。

「ゴロさんはどうして本屋さんになったんですか？　古そうな本ばかりですけど……」

あ、思わず、ゴロさんと呼《よ》んでしまった。怒《おこ》られるかと思ったら、大丈夫《だいじょうぶ》だった。

「う、わしか。うむ」

ゴロさんはちょっとてれたのか、帽子《ぼうし》をさわったり、着物《きもの》のえりをなおしたりして、あわてたようすにぼくはクスリと笑いそうになった。

「ここには易経《えききょう》をはじめ、さまざまな古典《こてん》を集めてある。わしがこういう書店《しょてん》を開きたいと思ったきっかけは、十五歳《さい》のときのこと、ある人に易経《えききょう》のことを教《おし》えてもらって興味《きょうみ》をもったからだ。それで、易経《えききょう》を勉強しようと思ったのだ」

「どんな人だったんですか」

「お天道《てんとう》さまのような人だった」

よくわからないけれど、王様みたいな人だろうか、と思った。ぼくも会ってみたいな。

「龍《りゅう》の話も教わったんですか？」

ゴロさんは強くうなずいた。

「もちろんだ」

「それで本屋さんになろうと思ったんですか？」

「まあ、本屋のおやじでもあり、自分では易経《えききょう》の研究家《けんきゅうか》と思っておる。易経《えききょう》の知恵《ちえ》は役に立つ。だから多くの人に知ってもらいたいと日々、勉強している」

易経《えききょう》の研究家……？　だからいつも本を読んでいるんだな。

「ずっと本屋さんなんですか？」

「いや、若いころは役所《やくしょ》につとめる公務員《こうむいん》だった。公務員をやめて二十年前にこの店を開いた」

ちょっと変《か》わり者《もの》に見えるゴロさんが役所で仕事していたなんて、想像《そうぞう》ができなかった。

「本屋さんになって夢をかなえたんですね？」

「夢などではない」

ゴロさんはきっぱりと言った。夢が好きじゃないのか、前もきげんが悪くなった。これ以上は聞かないでおこうと思って、ぼくはだまった。

「ところで、おまえはなにか、がんばっていることはあるか？　合唱《がっしょう》のほかになにか習《なら》い事《ごと》はしているのか？　運動とかなんでもいい」

「すぐそこのスイミングスクールで水泳《すいえい》を習っています。今日もこれから練習に行きます」

「水泳はうまいのか？　いつから習っている？」

うまいのかって聞かれると自信《じしん》はなかった。

「うまくはない……かな。小学一年生から習って、クロールと平泳ぎ、背泳ぎ、バタフライはできるようになりました」

「ほお、なんでうまくはないんだ」

「えっと、バタフライ、背泳ぎ、平泳ぎ、クロールの順番《じゅんばん》でつづけて泳ぐメドレーでタイムをはかる進級《しんきゅう》テストに、この前は落ちて上のクラスにはあがれなかったんです。今日も明日も練習して、あさって土曜日の午前中に進級テストをうけるんですけど、たぶん、今度も落ちるだろうなと思って」

そう言うと、今日はすこしおだやかだったゴロさんの顔がきびしくなって、みけんにぐっと深くしわがよった。

「もうあきらめているのか！　それでパイロットになりたいなんてよく言ったものだ」

げっ！　ぼくはまた潜龍《せんりゅう》みたいにからだがちぢみあがった。やっぱりゴロさんはおっかなくて苦手《にがて》だ。

「水泳とパイロットになることとかんけいあるんですか……？」

ゴロさんのみけんにはさらにしわがよった。まずい。

「おおいにかんけいある」

地《ち》の底《そこ》からひびくような声だった。

「ど、どうしてですか？」

ゴロさんはそれ以上、理由を言わなかった。

「知りたければ、水泳の進級テストにうかれ。それができなかったら、もう来《こ》なくていい」

また宿題だ！　ちゃんと五人、いやゴロさんを入れて六人の人に聞いたのに、まださらに難題《なんだい》だ。

「どうやったら、うかるでしょう……」

お母さんの言うように、あとすこしなんだけど、合格《ごうかく》のタイムにずっととどかないんだ。

「そんなことは水泳の先生に聞け。それで自分で考えて必死《ひっし》に練習しろ。おまえの水泳の上達《じょうたつ》は、どの龍《りゅう》の段階《だんかい》にあるか、潜龍《せんりゅう》なのか、見龍《けんりゅう》なのか、乾惕《けんてき》になろうとしているのか、あてはめて考えてみたら、なにをしたらいいのかわかるだろう」

「わかりました……やってみます」

と、答えたものの、なにをやっていいかはさっぱりわからなかった。

「それからもう一つ」

とゴロさんが言った。えっ、もう一つ宿題を出すの？　もう、できないよ。

「かっこふばつということばの意味をしらべてこい」

「カッコフバツ？」

なにかの呪文《じゅもん》みたいだ。そんなことばわかるわけないと思ったけれど、ぼくは忘《わす》れないように、ペンを出して「夢のかなえかた」ノートに「かっこふばつ」と書いた。

「この二つのことをやってこい」

できなかったら、もう来《こ》なくていいと言われる前に、ぼくは早く帰ろうと思った。二つともできそうもないと思ったから。

「ありがとうございました！」

リュックをもって帰りかけたら、

「おい！　また忘《わす》れているぞ」

と、引きとめられた。そうだった！　また、宿題を出されて、ここに来たいちばんの目的を忘れてしまった。

ゴロさんは、机《つくえ》のすみに置《お》いてある封筒《ふうとう》を指《ゆび》さした。

「忘れていって、すみませんでした」

ぼくがあやまると、

「手紙は、はさんでおいた」

ゴロさんは封筒を手わたしてくれた。なかをたしかめるとおじいちゃんにもらった易経《えききょう》の本が入っていた。

「ありがとうございます」

リュックに本をしまって、店のとびらを開けたときゴロさんは、

「もう来《こ》なくてもいいんだぞ！」

とまた言った。

ぼくがテストにうからないと思っているんだろうな。きっと呪文《じゅもん》の意味もわからないと思って無理難題《むりなんだい》を出して、もう来させない作戦《さくせん》なのかもしれない。

さっきはほめてくれたのに、ゴロさんはほんとうによくわからない人だな。

店の外に出るとぼくは「やったー！」と、飛びあがってよろこんだ。とにかく、易経《えききょう》の本と手紙がもどってきた！

ぼくは自転車に飛び乗《の》って、スイミングスクールへむかった。

水泳の練習が始まるまでまだすこし時間があったから、更衣室《こういしつ》で「夢のかなえかた」ノートにゴロさんに聞いたことを書いた。

六人目
大地雷蔵さん（ゴロさん）
本屋さん　易経《えききょう》の研究をしている

十五才のとき、お天道《てんとう》さまのような人に易経《えききょう》のことを聞いた。
その人は易経《えききょう》のことをよく知っていて、いろんなことを教えてくれた。
龍の話もその人から教《おそ》わった。
易経《えききょう》にかいてある役に立つことをおおくの人に知ってもらいたい。
日々、勉強している
若いときは公務員で役所につとめていた。二十年前にけんてきどうを開いた。
夢などではない。

どうしてゴロさんは夢じゃないって言うんだろう？

がんばったらなにかある

1

水泳の進級《しんきゅう》テストで合格《ごうかく》しろとゴロさんに言われて、ぼくはがっくりしていた。

今日から三日間は進級テストのための練習《れんしゅう》をすることになっているけれど、バタフライ、背泳ぎ、平泳ぎ、クロールの順番に泳《およ》ぐメドレーのタイムがいくら練習しても、ずっと変わらない。だから、今度の進級テストも、合格できないかもと半分あきらめていた。

今日は、コーチに前から言われていたクロールと、背泳ぎから平泳ぎにうつるときのターンを練習することになっていた。

ぼくは、背泳ぎのターンのタイミングがうまくつかめない。背泳ぎは、うしろむきで泳いでいるから前が見えない。それで壁《かべ》にガツンと頭を強くぶつけたことがある。それからこわくなって、ターンの手前《てまえ》でゆっくり泳いでしまうようになった。

かなえちゃんも練習に来ていた。かなえちゃんは泳ぎもターンも水をすべるように上手《じょうず》だから、テストは合格まちがいなしだろうなあ。

水泳の先生の泉《いずみ》コーチは女の人だけど、練習はとってもきびしい。ぼくは泉コーチにもどうして水泳の先生になったのか、聞きたいと思ったけれど、練習中はとてもそんな時間がなかった。

「乾太《けんた》くん、ターンの練習をしようか！」

泉コーチが声をかけてくれて、背泳ぎのターンをやってみた。

「うーん、まだこわがっているね」

と、泉コーチは言う。自分ではできているつもりでもなかなかうまくいかないんだ。

プールの壁《かべ》の五メートル手前から、背泳ぎして、手を壁にちょうどよくタッチできるかという練習をした。

プールには壁の五メートル手前にしるしの旗《はた》がついている。そこから、だいたい六回か七回、背泳

ぎで手をかくと壁に手がタッチするとぼくは思っている。ところが、泉コーチに、

「乾太くん、五メートルの旗から何回手をかいて壁にタッチできるか、ちゃんと数えてね」

とまた言われてしまった。いままでも何度も言われていることだ。

何回か練習したあと、うまくいかないままタイムを計《はか》ったら、やっぱりあと〇・七秒、タイムがとどかなかった。

見学室《けんがくしつ》に来ていたお母さんと坤太《こんた》のほうを見たら、二人もちょっとがっかりした顔をしていた。

練習が終わって、更衣室《こういしつ》の前でかなえちゃんに会った。

「今日は練習、きつかったね。進級テストうかるかな」

と、かなえちゃんが言った。

「かなえちゃんはきっと合格するよ」

「乾太くんもうかるよ。がんばろうよ」

かなえちゃんは明るく言ってくれた。

「かなえちゃんは、背泳ぎのターンのとき、五メートルのマークから何回かいて手がタッチするか、数えている？」

女子のかなえちゃんに聞くのははずかしかったけれど、思いきって聞いてみた。

「うん、私は七回」

「ちゃんと数えているんだ」

「そう、前に泉コーチに教《おそ》わったし、数えないとこわかったから」

ターンがうまいかなえちゃんでも、こわいんだ。ぼくは泉コーチに言われたことをちゃんとやっていなかったと思いかえしていた。ほかにもそういうことがたくさんあるのかもしれない。

スイミングスクールの帰り道は、もう日が落ちて夕方になっていた。自転車を引いてお母さんと坤太と歩きながら、ぼくのきもちはしずんでいた。

「乾太《けんた》、元気出しなさいよ。明日もあるんだから」

前を歩いていたお母さんがふりむいて言った。いつもぼくにまとわりついてくる坤太《こんた》も、ぼくが落ちこんでいるのをわかっているのか、おとなしくお母さんと歩いていた。

家に帰ってからぼくはすぐに自分の部屋に行って、易経《えききょう》の本をリュックから出した。

「あれ？　なにかがはさんである」

それは、赤いリボンがついたしおりだった。そこのページを開いてみたら、しおりには龍《りゅう》の絵がえがかれていた。

あっー、王様の冠《かんむり》に書いてあったのと同じ絵だ！

しおりがはさんであったのは、ゴロさんが教えてくれた龍の話が書いてあるページだった。きっとゴロさんがぼくにわかるようにしおりをはさんでくれたんだ。

龍の絵を見ながら、ぼくは思った。

もうゴロさんのところへ行けなくなったら、潜龍《せんりゅう》にもなれなくて、王様と約束《やくそく》したパイロットの夢を育てることもできないかもしれない。やっぱり、どうしても進級テストにうからなくちゃならないんだ。

だけど、どうしよう。どうして水泳のタイムが伸《の》びないのかなと思いながら、窓《まど》から夕焼けをながめていたら、きもちが暗《くら》くなってしまった。

「あ？　こんな風景《ふうけい》を見たことがある！」

そのとき、ぼくは夕方に背中《せなか》を丸《まる》くして落ちこんでいる乾惕《けんてき》の姿《すがた》を思い出した。乾惕《けんてき》は、毎日のように落ちこんでいたけれど、反省《はんせい》して次の日はまた元気になって、同じことをくりかえし、くりかえしやって、せっせと働いていた。

そうか、落ちこんでいるだけじゃいけないんだ。ぼくはよく考えて、どうしてうまくいかないのか反省してみた。

まず、泉コーチに言われたことをやっていなかったな。背泳ぎの残り五メートルで何回手をかいたら、壁《かべ》にちょうどよくタッチできるかを数えていないのがいけなかった。かなえちゃんも数えないとこわいって言っていた。ぼくは数えなかったからこわいままだったんだ。

明日はきちんと数えることからやってみよう。乾惕《けんてき》はちゃんとできるようになったから、きっとぼくもできるようになる。よく考えて練習しようと思った。

2

次の日、ぼくは泉《いずみ》コーチに最初にターンの練習をしたいと言ってみた。

「あれ？　乾太《けんた》くん、今日はすごくやる気があるじゃない」

「うん、ターンがうまくできるようにがんばりたい」

泉コーチはすごくよろこんで、

「よし！　がんばろうね」

と、力強《ちからづよ》く言ってくれた。

ぼくは何回、手をかいたら壁《かべ》にタッチするか、十メートルくらい手前から何度も、何度も泳いだ。頭をぶつけないかこわかったけれど、思いきって泳いで五メートルのしるしから何回、手をかけばいいか、数えた。ぼくもかなえちゃんと同じ七回でちょうどよくタッチできることがわかった。

手をついてからターンをするときのポイントを泉コーチが教《おし》えてくれた。ぼくはよく聞いて、見て、自分でも考えて何度も練習《れんしゅう》した。乾惕《けんてき》がそうだったように、ぼくは練習中、手を抜《ぬ》かないでとにかく前に進もうと思った。

「乾太くん、速《はや》くターンできるようになってきたよ！」

泉コーチがプールサイドから、大きな声ではげましてくれた。ぼくはいつも水泳をがんばっているつもりだったけれど、そうじゃなかったんだとあらためて思った。

それからメドレーの最後に泳ぐクロールも、つかれてくると息《いき》つぎで頭があがりすぎること、足のキックが弱くなってしまうことを泉コーチから注意《ちゅうい》されて、気をつけて泳ぐようにした。

「乾太くん、タイムを計《はか》ってみようか。テストのつもりで泳ぐんだよ」

泉コーチが言った。

ぼくは今日練習したポイントを忘《わす》れないように注意して、いっしょうけんめい泳いだ。

でも、タイムはあと〇・三秒足《た》りなかった。がっかりしたけど、あともうほんのすこしだ。それからぼくは三回、メドレーを泳いだ。

練習が終わったとき、泉コーチがぼくの肩《かた》をたたいた。

「乾太《けんた》くん、明日《あした》も同じ練習をしようね。テストうかろう！」

「はい。明日もよろしくおねがいします！」

タイムはとどかなかったけれど、ぼくは今日、たくさんのことを勉強したなと思った。

家に帰ってすぐに、お母さんにあと○・三秒だったと話したら、お母さんと坤太はすごい！　とジャンプしてよろこんでくれた。

それから、自分の部屋で一人になって今日はなにがいけなかったんだろうと考えた。

背泳ぎのターンは、バタフライや平泳ぎのターンよりも壁《かべ》をけったときにグーンと前に進《すす》まなかった。明日は、しっかりと強くけられるように練習してみよう。クロールの足はもっとキックできるはずだ。息つぎでまだすこし頭があがったところがあったからそれも気をつけよう。

よし！　明日もがんばるぞ。

たくさん泳いで、ゆうごはんのときはもうねむくてしかたなかった。

「明日は午前中の練習だから、もうねなさい」

と、お母さんがかたづけものをしながら言った。

「明日、ひるごはんをつくって見学に行くから、テストが終わったら食べようね。からあげとさけのおにぎりよ。クリームパンも買っていくからね！」

どれもぼくの好きなものばかりだ。

「やった！　明日、ぜったい合格《ごうかく》する」

「お兄ちゃん、がんばって。ぼく、応援《おうえん》してるからね」

「うん、見てろ」

坤太《こんた》も見ているから、ぜったいに合格しなくちゃと思った。だって、ぼくはお兄ちゃんだからさ。

その晩《ばん》、ぼくはあっというまにねむりについた。

3

次の日は、朝早く目がさめた。台所《だいどころ》に行くと、土曜日だけど仕事に行くって言っていたお父さんが朝ごはんを食べていた。

「おはよう！　今日は進級テストだな。がんばれよ」

「おはよう。うん！　いままでいちばん、がんばってくる」

お父さんはへえ、という顔でぼくを見た。

「気合《きあい》が入っているじゃないか。謙介《けんすけ》くんにも夢の話、聞いたんだって？」

「そう。謙介《けんすけ》兄ちゃんもすごくがんばっているなと思った」

もしかしたら、みんなに話を聞いたから、ぼくもがんばる気になったのかもしれないと思った。

お父さんは、テストに合格《ごうかく》したら、明日の日曜日、ウォータースライダーのあるプールに連《つ》れていってくれると約束《やくそく》して、仕事に出かけた。

ぼくは早く水泳の練習に行きたくてしかたがなかった。昨日できなかったことをいろいろためして、今日はできるようになりたかったんだ。

ぼくは、まちきれなくて早くに家を出た。スイミングスクールへつくとかなえちゃんも来ていて、受付《うけつけ》のところで会った。

「おはよう！　テスト、がんばろうね」

ぼくはかなえちゃんに声をかけた。

「あ、おはよう。昨日、タイムおしかったね。いっしょにうかろうね」

「うん、うかりたいな」

かなえちゃんは更衣室《こういしつ》に行きかけて、また戻ってきた。

「あ、そうだ。乾太《けんた》くん、四時から合唱《がっしょう》も行くでしょ？」

今日はこどもも夏まつりの合唱の練習もある。

「うん、行くよ」

「このあいだ、はじめて行ったけど、合唱ってたのしいね。夏休みだけじゃなくて、私も入ろうかなと思って」

そうならいいなとぼくは思った。きっと剛《つよし》もよろこぶだろうな。

「川田くんって歌がすごく上手《じょうず》よね」

「う、うん。川田くんはなんでもできてさ、頭もいいんだよ」

「そうなんだ。じゃ、あとで」

なんだ、やっぱり川田くんか。うれしいきもちがちょっとしぼんだ。

練習が始まる前に、泉コーチのところに行った。

「おはよう、乾太くん。最初にすこし泳いで、それから背泳ぎのターンをして、壁をキックするところから練習しようか」

まるで泉コーチはぼくが言おうとしたことをわかっているみたいに言った。

練習しはじめると泉コーチは、

「壁《かべ》にタッチしたら、一度、ひじもひざも曲《ま》げて、ぎゅっとからだをちぢめるようにしてから、強くけるのよ」

と言って、じっさいにターンをやって見せてくれた。前に習《なら》ったことだけれど、ぼくは、水のなかにもぐって、泉コーチのターンのやりかたをよく見た。

「コーチ、もう一回、見せてください」

とお願いして、手、足はどうなっているか、からだの角度《かくど》やひねりかた、けるときの足の位置《いち》はどのへんか、さらによく見て、それをすぐにまねしてみた。

くりかえし、くりかえし練習していたら、きゅうにグーンと進めるようになった。

躍龍《やくりゅう》が飛びあがるとき、「一度、潜龍《せんりゅう》のようにからだを小さくちぢめないと高くジャンプができない」って王様が言っていたのを思い出して、ぼくは潜龍《せんりゅう》みたいにからだを丸《まる》めて、強く壁《かべ》をキックしたんだ。それをさらにくりかえしてみた。

「いいよ！　すごくよくなったよ。いまの感覚《かんかく》をおぼえてね」

と、泉コーチが言った。ぼくがいっしょうけんめいになると、コーチもいっしょうけんめい教《おし》えてくれる。ぼくはこのこともよくおぼえておこうと思った。龍の国の王様が教えてくださいってお願いするんだと言っていた意味《いみ》がすごくよくわかった。

クロールの練習では、足のけりもできるかぎりがんばろうと思った。そうしたら足に力が入りすぎていると泉コーチに注意された。それもくりかえし、くりかえし練習した。

テストぎりぎりだったけれど、ぼくは自信《じしん》がもてるようになった。

そして、いよいよテストのときがやってきた。先に泳いだかなえちゃんはテストにうかってよろこんでいる。

お母さんと坤太《こんた》も二階の見学室《けんがくしつ》に来ていた。坤太、お兄ちゃんは全力《ぜんりょく》で泳いで必ず合格《ごうかく》するぞと気合《きあい》を入れた。笛《ふえ》がなって、飛びこんでからは無我夢中《むがむちゅう》だった。だけど、いつもより水のなかがよく見える気がした。

背泳ぎのターンでは、思いきり壁《かべ》をけった。グーンと進んだ手ごたえがあった。「よし！ 行くぞ」と心のなかで自分に言った。

ゴールして顔を水からあげたとき、

「合格、合格よ！」

と、泉コーチの声がした。ぼくは合格の基準《きじゅん》タイムぴったりでテストにうかった。あーあぶなかった。プールからあがって、見学室《けんがくしつ》を見たら、お母さんと坤太が立ちあがってピョンピョン飛びはねていた。ぼくは大きく手をふった。うれしくて、ワーッとさけんでプールに飛びこみたい気分《きぶん》だった。

4

「乾太《けんた》くん、やったー！ よかったね！」

ぼくの前に泳いで、テストにうかっていたかなえちゃんと、水泳のなかまたちがガッツポーズをしてよろこんでくれた。

「やべー、ぎりぎりだったよー。かなえちゃんも、うかってよかったね！」

とぼくも言って、みんながすわっているプールサイドのベンチにすわった。すると、かなえちゃんが、うしろからぼくの肩をたたいた。

「ねえ、ねえ、乾太くん、見学室《けんがくしつ》にいる人、このあいだの乾惕堂《けんてきどう》の人じゃない？」

「ええええっ！」

まさか、ゴロさんが？　そういえば、さっき、よろこんでいるお母さんと坤太《こんた》のうしろに黒い着物《きもの》を着《き》た人を見たような気がした。見学室を見上げたら、お母さんと坤太にはさまれてゴロさんがすわっていた。

ゴロさんは手におにぎりをもって、ニコニコしてお母さんと坤太と話している。坤太はすっかりなかよくなっているみたいだ。あんな笑顔《えがお》、ぼくにはむけたことがないのに。それに、右手にもっているおにぎりは、もしかして、ぼくのひるごはんじゃないの？　あっ、左手にクリームパンももっている。あれもきっとぼくのだ。

ゴロさんはぼくが合格《ごうかく》するかどうか、見に来たのかな。

だけど、どうしてゴロさんとお母さんが？　あーあ、きっとだまって乾惕堂《けんてきどう》に行っていたことがお母さんにわかっちゃったよ。

進級テストが終わって着がえたら見学室に来なさいねと、お母さんが言っていた。お腹《なか》もぺこぺこですぐにおにぎりを食べたかったけれど、ゴロさんはお母さんになんて話したんだろう。

お母さんに正直《しょうじき》に話そう。

着がえて見学室に行くと、

「やったね！　よかった、よかった！」

お母さんと坤太が拍手《はくしゅ》してむかえてくれた。ゴロさんは見学室のベンチにデンとすわって、ぼくを見ていた。ぼくは、だまっておじぎした。するとお母さんがゴロさんに

「乾太《けんた》です。大きくなったでしょう？」

と言った。ゴロさんはああ、と目をほそめてうなずいた。あれ？　もうゴロさんとは会っているのにへんだな。ゴロさんはぼくが乾惕堂《けんてきどう》に行ったことをお母さんに話してないのかな？

「こんにちは」

いつもどおりあいさつすると、ゴロさんは、

「はい、こんにちは」

と、やっぱり、ガマガエルの声だった。

「乾太《けんた》、おぼえてないかしらね。おじいちゃんのおともだちの大地《だいち》さんよ。小さいころはよく遊《あそ》んでもらったのよ。ゴロさん、ゴロさんって追《お》いかけまわして」

お母さんが言った。ぼくは、

「おぼえてないけど……そうなの？」

と言うのがやっとだった。やっぱり、ゴロさんはおじいちゃんのともだちなんだ。それに、ぼくがゴロさんに会ったことがあるなんて。ぼくはびっくりしてしばらくポカンとしていた。

「さっき、スイミングスクールの前でゴロさんにばったり会って、乾太が泳ぐからっておさそいしてお母さんが連《つ》れてきちゃったの」

お母さんはゴロさんの腕《うで》をつかんで笑っている。

坤太《こんた》は

「どうしてゴロさんは帽子《ぼうし》かぶっているの？」

なんて聞いて、ゴロさんの頭をさわったりしている。こら、坤太、ゴロさんはおっかないんだぞ。ぼくはハラハラした。お母さんはぼくにおにぎりをわたしてくれたけれど、坤太のことが気になって食べる気がしなかった。すると、ゴロさんが

「じゃ、そろそろ、帰るとするか。時子《ときこ》さん、おにぎりもからあげも、たいへんおいしかった。ごちそうさま」

と言いながら、ベンチから腰《こし》をあげた。時子さんはうちのお母さんの名前だ。

「ゴロさん、また前のようにうちに遊びに来てくださいね」

お母さんがそう言うと、

「そうだな。いつか、そうさせてもらうか。ああ、このクリームパンはいただいていくよ。おいしいって聞いていたのでね」

そう言って、ゴロさんはぼくをじろっと見ながら、クリームパンを着物《きもの》のそでのたもとに入れた。

ゴロさんが帰ったあと、ぼくはやっとおにぎりをパクついた。ぼくが食べているあいだ、お母さんは、泳ぎがいつもより力強かったとか、ターンもきれいだったとか、ずっとぼくをほめてくれた。それにしてもゴロさんはどうしてお母さんになにも言わなかったんだろう。

夢をもってたいへんなんだ

1

午後三時半になって、ぼくは剛《つよし》と文化センターにむかった。剛は仲《なか》が悪い宮崎が合唱団《がっしょうだん》にこのまま入るなら、「おれはやめる」とか、文句《もんく》を言いながら歩いていた。

合唱のメンバーはいつもの二十五人に七人が加《くわ》わって、こども夏まつりの合唱団になった。今日は全員が集《あつ》まった。川田くんと田中と宮崎が先に練習室《れんしゅうしつ》にいたから、

「よ！」

と声をかけた。川田くんは「よう！」と返事《へんじ》をしたけれど、田中と宮崎はふん、というかんじでぼくと剛を無視《むし》した。

「なんだ？　あいつら」

と、剛は二人をにらみつけた。でも、そのあと、かなえちゃんが手をふってあいさつしてくれたから、剛のきげんはすっかりなおった。

水沢先生が、みんなを集めた。

「じゃ、練習を始めます。このあいだ言っていた『指揮者《しきしゃ》をだれにやってもらうか』ということですが、先生、考えたんですけど、天野乾太《あまのけんた》くんにやってもらおうと思います」

「えーーっ！」

と、いちばん大きな声をあげたのがぼくと剛だった。こんなにびっくりしたのは、生まれてはじめてかもしれない。ぼくはとなりにいる剛と顔を見あわせた。剛は、ぼくがひどい罰《ばつ》ゲームにあたったみたいに、気のどくそうな顔した。みんなの注目《ちゅうもく》がいっせいにぼくにそそがれるのがわかった。

むりだ！　ぜったいむり。先生はじょうだんを言っているんだと思った。なんで、川田くんじゃないの？

先生、ぼくはむりです！　と言おうとしたら、川田くんの三人グループの田中が、

「先生、ぼくは川田くんがいいと思います」

と、ぼくをちょっとにらみながら言った。かんじ悪《わる》いな、と思ったけれど、ぼくも賛成《さんせい》だった。すると水沢先生は、

「うん、川田くんも考えたんだ。でも、川田くんの声はとおるから歌でみんなを引っぱっていってもらいたいと思っている」

田中はそれ以上《いじょう》、先生になにも言わなかった。

「じゃ、乾太くん、ちょっと前に出てきて」

ぼくがためらっていたら、剛《つよし》が「行けよ、行けよ」と、ぼくの背中《せなか》をたたいた。ぼくが前に出ていくあいだ、みんなはしーんと静《しず》まりかえっていた。

ぼくは前に出ていって、

「先生、ぼくにはできないよ」

と、水沢先生に言った。

「いやかな？」

先生がぼくの顔をのぞきこんだ。ついこのあいだ、先生に夢の話を聞かせてもらって、先生は指揮者《しきしゃ》になってからも勉強してがんばっていると聞いたばかりだ。

「いやではないけど、できるかなと思って」

「先生が教《おし》えるから大丈夫《だいじょうぶ》！」

それを聞いていたメンバーがざわざわしだした。剛と仲《なか》が悪い宮崎が、

「乾太《けんた》ができんの？」

と言っているのが聞こえた。川田くんもなんとなく怒《おこ》ったような目をしているように見えた。

水沢先生はみんなのほうをむいて、パンパンと手をならした。

「はい、みんな聞いてください。この合唱団のメンバーが指揮をするのは初めてです。ですから、指揮者はみんなをリードしていかなくちゃいけないから、ちょっとたいへんです。みんな、乾太くんに協力《きょうりょく》してください」

すると、川田くんが、パンパンと大きな拍手《はくしゅ》をしだした。それにつられて、みんながパチパチパチと拍手した。剛が、「乾太、がんばれよー」と言うと、かなえちゃんも「がんばってー！」と大きな声で言った。もう、できないなんて言えない雰囲気《ふんいき》になってしまった。

指揮の練習はつぎの練習日からということになって、ふつうどおりの合唱の練習をしたけれど、ぼくは、まったくうわの空でぜんぜんリズムにのれなかった。

練習が終わったあと、水沢先生に呼《よ》ばれた。

「指揮の練習だけど、最初《さいしょ》はみんなといっしょにできないから、次の練習日には開始《かいし》時間の三十分前に来てくれるかな？　すこしずつやっていこう。さっき、練習が始まる前にお母さんに電話して話はしておいたからね」

お母さんはぼくが指揮者にえらばれちゃったこと、もう知っているんだ。

「はい。でも、先生、どうしてぼくなの？」

「乾太くんは練習《れんしゅう》を休まないで来て、いつもたのしそうに歌っているからさ。それから」

水沢先生はそこから声をひそめて言った。

「夢をもっているなかまだから、がんばれるかなと思った。いい合唱にしよう」

水沢先生は、きらきらしたひとみで言う。きっとうまくできたらたのしいんだろうな。

「うーん、できるかわからないけど、やってみます」

ぼくはとまどいながら、そう言った。

剛《つよし》と文化センターを出たら、川田くんと田中と宮崎が外に立っていた。

「乾太《けんた》」

宮崎が呼んだ。田中もこっちをにらんでいる。

「なに?」

そばに歩いていくと、宮崎が、

「おまえ、パイロットになりたいなんて、みんなに言っているんだって?」

川田くんがそばから、

「宮崎、いいよ」

と宮崎の腕《うで》をつかんだ。三人とも、ぼくがパイロットになりたいと知っているみたいだった。だれに聞いたんだろう?

「だれに聞いたの?」

そう宮崎に聞いたら、

「うちのお母さんが美容室《びようしつ》で聞いたんだよ」

ああ、ツチヤさんから聞いたんだ……。

「おれと川田くんはサッカークラブで謙介《けんすけ》くんから聞いた」

田中が横から言った。謙介兄ちゃんは地域《ちいき》のサッカークラブのコーチをしている。

「おまえ、なんか川田くんに対抗《たいこう》してんの？」

宮崎はばかにしたような笑いをうかべて言った。

「なにがいけないんだよ」

剛が宮崎に言った。

「タンクはだまってろよ」

宮崎はさらにいやな笑いかたをして剛に言う。

川田くんは、

「やめろよ宮崎、いいよ、帰ろう。じゃな」

と、また宮崎の腕をつかんだ。

「指揮者《しきしゃ》にえらばれていい気になるなよ」

田中はすてぜりふをのこして、あとについていった。

「なんだよ、あいつら。だから最初《さいしょ》からいやなかんじだったんだな」

と言いながら、剛《つよし》はうしろをふりかえる宮崎と目で火花をちらしていた。

しばらく、ぼくと剛はだまって帰り道を歩いた。

「剛、ごめんな」

ぼくのせいで剛にいやな思いをさせてしまった。

「いいよ。気にしないでよ」

剛はもうけろっとして笑っている。

「それよりさ、指揮者なんてすごいじゃん。えらばれたらどうしようって思ったけど、かっこいいんじゃない？」

「ううん、ぜったいやりたくない」

川田くんの三人グループが、ぼくが指揮者にえらばれたことをよく思っていないのはわかった。それなのに、水沢先生みたいにみんなをもりあげて、引っぱっていくことなんて、できるわけない。

ぼくは歩きながら、お母さんに話して、水沢先生にことわってもらおうと思っていた。

「やらないの？」

「うん」

それから、剛もぼくもまただまりこんで、夕日にそまった道を歩いて帰った。

2

家に帰ってすぐ、ぼくはゆうはんのしたくをしているお母さんに
「お母さん、水沢先生に電話して、指揮者《しきしゃ》やりたくないって話して」

と言った。お母さんはうれしそうにしていて、

「なんで？　すごいじゃない。やってみたら？　今日は進級テストにもうかって、すごい日ね」

と言う。

「いやなんだってば！　ことわってよ！」

ぼくが大声《おおごえ》でさけんだら、お母さんはおどろいた顔をして、ゆうはんのしたくの手をとめて、ぼくの近くに来た。坤太《こんた》はおびえたようにお母さんのうしろにかくれた。

「どうしたの？」

「指揮者なんてできないよ！　できるわけないいじゃん！　水沢先生に電話してよ！」

ぼくは、自分の部屋にかけあがって、ドアをバタンとしめた。テストに合格《ごうかく》していい日だったのに、最悪《さいあく》の日になってしまった。

お母さんに八《や》つ当《あ》たりしたことで、ぼくはますます落ちこんだ。

指揮者にえらばれたことだけでもショックだったのに、川田くんたちにパイロットになりたいと思っていることまで知られてしまった。大、大、大ショックだ。もう、どうしていいかわからなかった。ぼくはゆうごはんに呼《よ》ばれても、部屋にとじこもった。

「乾太《けんた》、ごはん食べなさい」

「いらない！」

ぼくは部屋のドアノブを開《あ》かないようにおさえた。とてもごはんを食べる気分《きぶん》にはなれなかった。

どうしてこんなことになったんだ。

龍の国へ行って、夢をもちたいと思ってから、ぼくにはいろんなことがおきるようになった。ゴロさんのところに行ったのがいけなかったんだ。ゴロさんに言われて、みんなに夢の話なんて聞いたからこんなことになったんだ。

ずっと、部屋にとじこもっていたら、コンコンとドアをノックする音がした。

「乾太、どうした？　進級《しんきゅう》テストうかったんだってな」

お父さんの声だった。

「うん」

「ごはん食べなさい。テストのことも聞きたいし、おいで」

お父さんはドアの向こうからやさしく言ってくれたけれど、

「いらない！」

と言ってしまった。お母さんも来て、

「乾太、水沢先生に話してみるからさ。お腹《なか》すいたでしょう？　おりてきなさい」

「やだ！」

そう言うと、お父さんがお母さんに
「むりやりやらせてもしょうがないから、早めにことわったほうがいいんじゃないか」

と話しているのが聞こえた。指揮者《しきしゃ》をことわったら、もう合唱《がっしょう》の練習にも行けないなと思った。

「お母さんがことわってくれるって言うから、出ておいで」

お父さんが言った。ぼくは自分でもわからないほどがんこになっていた。

「いま、ことわってよ！　早く！」

ドアのむこうでお父さんはしばらくだまっていた。

「そんなこと言うなら、出てこなくていい」

静《しず》かでこわい声だった。お父さんを怒《おこ》らせてしまったんだ。テストにうかったら、明日はウォータースライダーがたくさんあるプールに連《つ》れていってくれるって言っていたのに。

お腹がグーグーなってきた。そのうち、ぼくはねむってしまった。

コンコンとドアをノックする音で目がさめた。まだ夜だった。何時《なんじ》だろうと思って机《つくえ》の時計をみると夜の十一時だった。

「乾太《けんた》、おにぎりつくったよ。お水も飲みなさいよ」

お母さんの声だった。お腹《なか》がすいていたから、ぼくはいそいでドアを開けた。

「ずいぶんねばったわね」

とお母さんが笑った。

「ごめんさい」

とぼくはあやまった。

3

翌朝《よくあさ》、ぼくは居間《いま》で新聞を読んでいたお父さんに「ごめんなさい」とあやまった。「うん」と、お父さんはうなずいた。

「宿題はそんなに一気にやらなくたっていいから、あんまりあせるなよ」

お父さんにそう言われて、なんとなくきもちがかるくなった。

「うん、そうする」

「じゃ、約束《やくそく》だから、プールに行くか！」

「うん！」


お父さんはプールでぼくたちとずっと遊んでくれて、坤太《こんた》ははしゃぎっぱなしだった。帰りにショッピングセンターに行って、新しい水泳用ゴーグルを買ってもらった。

お母さんと坤太が買い物しているのをまっているとき、お父さんが言った。

「乾太、指揮者《しきしゃ》のこと、どうするんだ？　いやならお母さんが明日、先生に話すって言っているぞ」

「どうしたらいい？　たぶん、できないよ」

「やりたくないのか？」

やりたくないのかなあ？　ぼくは考えた。

「うーん、やりたくないわけじゃないけど。前にすこし指揮をやったけど、ぜんぜんできなかった。それに、川田くんたちはぼくが指揮者をやるのに反対みたいなんだ」

指揮者をやるには大きな障害《しょうがい》ばかりが立ちはだかっているように思えた。

「お父さんはぼくが指揮者なんてできると思う？」

お父さんはぼくの目を見て言った。

「きっと乾太《けんた》がやろうと思ったら、やれるだろうな。でも、やりたくないならことわればいい」

やろうとは思えなかった。

「一回、今度の練習に行ってみて、それで決めたらどうだ？」

「うん、そうしようかな」

お父さんにはそう言ったけれど、ぼくはやっぱり、ことわろうと思っていた。

第三部 夢を育てるために

龍になれるかどうかの宿題《しゅくだい》

1

お父さんから「あんまりあせるなよ」と言われたけれど、次の日、ゴロさんの宿題の「かっこふばつ」のことばをしらべるために辞書《じしょ》を開いてみた。

そんな呪文《じゅもん》みたいなことば、辞書にのっているのかなと思っていたけれど、ぼくが使っている辞書にはのっていなかった。それで、お母さんのパソコンを借《か》りてしらべてみた。

あった！　四字熟語《よじじゅくご》なんだ。

確乎不抜《かっこふばつ》
意志《いし》がしっかりしていて、動揺《どうよう》したりしないこと

確乎《かっこ》は、しっかりとしているさま
不抜《ふばつ》は、固《かた》くて抜《ぬ》けないこと、移《うつ》せない、動《うご》かせないこと

意志がしっかりしている、っていう意味なんだ。

「動揺《どうよう》」をしらべてみたら、ゆらいで、ぐらつくこと、きもちが不安定《ふあんてい》になることって書いてあった。ということは、ゆらいだり、ぐらついたり、きもちが不安定にならないことだな。固《かた》くて抜《ぬ》けないって、なにが抜けないんだろう？

きっと、おとといのぼくみたいに、お母さんに八《や》つ当《あた》りして、さけんで部屋にとじこもったりしないってことかなあ……。ぼくは、ぜんぜんしっかりなんてしてないや。

指揮者にえらばれちゃったことや、川田くんたちにパイロットの夢を知られたことを考えると、ぼくの心はぐらぐらゆれる。

だけど、パイロットの夢のたまごは育てたい。

進級テストにうかったのはゴロさんも知っているし、かっこふばつの意味もしらべた。

宿題ができたから、早く乾惕堂《けんてきどう》へ行きたいと思った。

トントントンと階段《かいだん》をおりる足おとがして、お母さんと坤太《こんた》が二階からおりてきた。

ぼくは急《いそ》いでしらべていたページを閉じて、パソコンのスイッチを切った。なんだかスパイみたいだ。

「なにしらべたの？」

お母さんが部屋のかたづけをしながら聞いた。

「ん、四字熟語《よじじゅくご》」

「へえ、宿題？」

「うん……。ねえ、お母さん、ゴロさんっておじいちゃんのともだちなの？」

「そうよ。ゴロさんとおじいちゃんは幼《おさな》なじみで小さいころからずっといっしょにいて、すごく仲《なか》がいいのよ。とってもやさしくていい人よ」

ふうん、ぼくと剛《つよし》みたいだったんだ。でも、おじいちゃんとすごく仲よしとは思えなかったけどな。それにとってもおっかない人だよ。

「ぼくが小さいころに遊んでもらったんでしょ？」

「そうよ。よくゴロさん、うちに来ていたからね」

「ぼくが小学生になってからは、来てないよね？　どうして？」

お母さんが答えるまでにはすこし時間がかかった。

「うーん……そうね、おじいちゃんもゴロさんもいそがしくなったからかしら……」

ふーん、そうなんだ。

「ゴロさん、うちに遊びにくるの？　ねえ、遊びにくる？」

坤太《こんた》はゴロさんが好きになったみたいで、お母さんに何度も聞いている。

それにしても、ゴロさんが進級テストを見に来ていたのはびっくりしちゃったな。初《はじ》めてゴロさんが笑っているのを見たけれど、やっぱり王様にそっくりだった。
ゴロさんの話をしたら、ぼくは進級テストの練習で乾惕《けんてき》みたいに反省《はんせい》してみたことも、すごく話したくなった。どうしてお母さんにぼくが会いに行っていることを言わなかったのかも聞いてみたい。これから図書館に読書の宿題の本を借《か》りに行くから、帰りによってみることにしよう。

2

乾惕堂《けんてきどう》へ行ったら、ゴロさんは店の外にいて、半紙《はんし》に筆《ふで》で書いたはり紙をとびらにはっていた。

夏期休業《かききゅうぎょう》のお知らせ
八月十三日~八月十五日まで
休ませていただきます。
乾惕堂《けんてきどう》　店主《てんしゅ》

すごく角《かく》ばった太《ふと》い字で書いてあった。ヘタなのかうまいのかよくわからないけれど、きっとゴロさんの太い腕《うで》とごつごつした手で書いた字だなと思った。

うしろから「おはようございます」とあいさつしたら、首だけ、ゆっくりとふりむいて、

「おまえか、おはよう」

ゴロさんははり紙につけたテープを手でこすって、ガラスにはった。

それから、とびらを開けて
「入れ」

と手まねきした。ぼくはゴロさんの大きい背中《せなか》のあとにつづいて店に入った。

「そこにすわれ」

ぼくはリュックからノートを出して机《つくえ》の前のいすにすわった。ゴロさんは机の上の岩《いわ》みたいに大きな硯《すずり》を箱《はこ》のなかにしまった。

「水泳のテストにはぎりぎりでうかったのは知っているが、しらべて来たのか」

「はい、確乎不抜《かっこふばつ》もしらべてきました」

「水泳のテストはあきらめていたんじゃなかったのか。どうしてうかったか話せ」

話せと言われるとどこから話していいのかわからなかった。

「えっと、背泳ぎから平泳ぎのターンと、クロールの練習をがんばって、うかりました」

ゴロさんはメガネを鼻にかけて、いすに腰かけながら、

「それだけか？」

と、上目《うわめ》づかいににらむようにこちらを見た。つけくわえることはいっぱいある。ぼくはちょっとあせった。

「えっーと、コーチに背泳ぎのターンを練習しなさいって言われて、練習したけれど、タイムはとどかなかった。落ちこんで家に帰って、自分が乾惕《けんてき》みたいだなと思って、今日はどうだったかって反省《はんせい》しました」

「ほお」

ゴロさんはちょっと感心したような声を出した。

「なんでタイムが伸《の》びなかったのかって考えて、前からコーチに言われてたことができていないことに気づきました。だから明日はそれをちゃんとやろうとか……」

「ふむ」

と、うなずく。

「それで、次の日はコーチに教《おそ》わって、くりかえし、くりかえしターンの練習をしました。タイムはちぢんだけど、それでもとどきませんでした」

「ふむ」

ぼくはゴロさんのうなずきにのせられるままに話したかったことを話した。

「家に帰ってまた反省《はんせい》して、まだ背泳ぎのターンが遅《おそ》かったからかもと思った。次の日のテスト前の練習でコーチにターンのお手本《てほん》を見せてもらって、見龍《けんりゅう》みたいに見てまねして、またくりかえし練習して、そうしたらできるようになりました」

今日は、ゴロさんは目を開いて、ぼくを見ていたけれど、緊張《きんちょう》せずに話せた。

「反省したらすごくがんばれて、いつもがんばってなかったんだなと思いました。うかったらお母さんもよかったね、ってほめてくれて、ぼくもうれしかった」

「それで」

とゴロさんが聞いた。それでぼくが話したかったことは終わりだった。

「それで……終わりです」

ぼくは、ゴロさんににこっと笑いかけた。またほめてくれるかなと、ちょっとわくわく期待《きたい》していた。でも、そうはとんやがおろさなかった。

「もう、終わりか」

あきれたようにゴロさんは言った。ぼくはいままでにないほどがんばったのに、なにがいけないんだろう?

「おまえのがんばりはまだ乾惕《けんてき》のがんばりにはほど遠《とお》い。まだあまっちょろい、即席《そくせき》のがんばりだ」

やっぱり、ゴロさんはきびしいなあ。

「えっ、どこが、だめ？　……ですか」

ぼくはテストにうかるまでのことをずっと思い出してみた。ゴロさんはなにも言わず、ペンでなにか書き物をはじめた。よく考えたけれど、わからなくてしーんとなったところに、机《つくえ》の横にかけてある古い柱時計《はしらどけい》が低《ひく》い音でゴーンと一つなった。十時半だった。それを合図のようにゴロさんが口を開いた。

「うまくいったら、乾惕《けんてき》のがんばりは終わりか」

ううん、乾惕《けんてき》は失敗《しっぱい》したときも、うまくいったときも……、あっ！　ぼくは思わずいすから立ちあがった。

「テストが終わってから反省《はんせい》してないや！」

ぼくはすっかり忘《わす》れていた。合格《ごうかく》してほめてもらったから、それでいいやって、思っていた。くー、そうか。うまくいってほめられても反省《はんせい》するって、とってもむずかしいな。

「あーあ」

わかっていたはずなのに……ぼくはがっくりと、いすにへたりこんだ。ゴロさんはそんなぼくを見て、すこし笑ったような気がした。いじわるだな。

「まあ、そんなものだ。がんばったと言っても、たいてい最後《さいご》までがんばっていない。だが、乾惕《けんてき》は終わりまでがんばりつづける」

「終わりまで?」

「テストは今回だけで終わりじゃないだろう」

「はい……」

そのとおりだ。次はもっと速《はや》いタイムで泳ぐテストがあって、その次は倍《ばい》の距離《きょり》を泳ぐ二百メートルのメドレーになる。

「失敗したときだけじゃなく、うまくいったときもほめられたときも、これでよかったのか、まだ足《た》りないところはないかと、反省《はんせい》することでまた次につながる。それががんばりつづけるための秘訣《ひけつ》だ」

乾惕《けんてき》の姿を見て、わかったと思っていたけど、ぼくはわかっていなかったんだ。

「落ちこんでいるばあいじゃないぞ。さて、今日はここまでで終わりだ」

そう言って、ゴロさんは柱時計《はしらどけい》を見た。

「へ?　確乎不抜《かっこふばつ》はまだ……」

ぼくが反省しなかったから、怒《おこ》ったのかなと思った。すると、ゴロさんは、

「杭《くい》を打つ、あるいは立てるとはどういうことかわかるか?」

と聞いてきた。杭《くい》ってなんだっけ？

「よくわかりません」

ゴロさんは、メモ用紙《ようし》にペンでなにか書いて、ぼくにわたした。

「大工《だいく》の兄ちゃんに聞いてこい。つづきはまた今度だ」

メモ用紙には、「杭を打つ、杭を立てる」

と書いてあった。なんでこれをしらべてこいって言うんだろう。

「今度って、いつですか？　これを聞いてきたら、明日また来てもいいですか？」

「勝手《かって》にすればいい。来《こ》なくてもいいんだぞ」

勝手にすればいいってことは、来てもいいってことだよね。

「ありがとうございました！」

ぼくはリュックにノートをしまって、乾惕堂《けんてきどう》を出た。

自転車をこぎながら、ぼくはテストのあと、反省しなかったことを反省した。

「謙介《けんすけ》兄ちゃん、いるかなあ」

家に帰る前に山下工務店《こうむてん》の事務所《じむしょ》をたずねたら、謙介兄ちゃんはやっぱり仕事に出かけていて、山下のおばさんが「四時ごろにはもどってくるよ」と教《おし》えてくれた。

3

四時になって山下工務店へ行こうと家を出たら、謙介《けんすけ》兄ちゃんがむこうから歩いてきた。

「おう、乾太《けんた》、なにか聞きたいことがあるって聞いたんだけど」

「来てくれたの？　うん、いま、聞きに行こうと思ってた。あのさ、杭《くい》ってなに？　杭《くい》を打つとか、立てるとか。なんとなくはわかるんだけど……」

ぼくは謙介兄ちゃんにゴロさんのメモを見せた。

「ああ、杭《くい》っていうのは、土のなかに打《う》ちこむ柱《はしら》とかのことだよ。大きな建物《たてもの》を建《た》てるときは、太《ふと》い杭《くい》を何本も土のなかに打ちこんで、建物を支《ささ》えるんだ」

ぼくは、杭《くい》ってクギみたいなものと思っていた。

「クギじゃなくて柱のことなんだ」

「杭《くい》を打つっていったら、たとえばこのぐらいの柱をさ」

謙介兄ちゃんは、手で家の柱くらいの太さの丸《まる》をつくった。

「こうやって、土にすこし穴を掘《ほ》ったなかに立てて、ハンマーで頭をたたいて打っていくんだ」

そう言いながら身ぶり手ぶりで、土のなかに柱をどんと立てて、大きなハンマーをもって腕《うで》をふりあげて、柱の頭をゴンとたたくふりを三回もくりかえして見せてくれた。

「ってまあ、こんなぐあいに、何回もたたいてしっかり打ち立てないといけないんだ」

謙介兄ちゃんは「はあ～」と、腕で汗をぬぐうふりもしたから、ぼくは笑った。

「ハハハ、わかったか？」

「うん、よくわかった！」

「どうしてそんなこと聞きたかったんだ？」

「わからないんだけど、確乎不抜《かっこふばつ》ってことばとかんけいがあるのかも」

すると、謙介兄ちゃんはああ、そうか、龍の話のことかとつぶやいた。

「きっと、杭《くい》をしっかり立ててるように、潜龍《せんりゅう》が志《こころざし》を立ててるってことだ」

志《こころざし》を立ててるってなんだろう？

「志って、こうなるって決めることなんでしょう？」

「そうだな。よく知っているなあ」

「夢をもつってことと同じ？」

そう聞いたら、謙介兄ちゃんはうーんと首をひねった。

「夢でもいいんだけど……すこしちがうのかな。夢っていうとふわふわしたかんじだろ？

志《こころざし》っていうのは、もっと強い決意《けつい》なんだ。うまくせつめいできないなあ」

謙介《けんすけ》兄ちゃんが言おうとしていることは、なんとなくだけどわかる気がした。明日、ゴロさんに聞いてみよう。

「あ、そうだ、乾太《けんた》、川田と田中って同じクラスだろ?」

「う、うん」

ドキッとした。ちょっとのあいだ、忘《わす》れていたけれど二人の名前を聞いたら、胸のあたりがずーんと重くなった。そういえば、川田くんと田中は謙介兄ちゃんからパイロットの夢のことを聞いたって言っていた。

「このあいだ、サッカークラブで二人が航空博物館《こうくうはくぶつかん》に行くって話をしていて、飛行機の操縦体験《そうじゅうたいけん》ができるすごい機械《きかい》があるって言ってたぞ。それで、乾太の話をしたんだ」

ああ、そうだったのか。それで二人は知ったのかと思った。

それよりも、航空博物館にそんな機械があるんだ。謙介兄ちゃんからもらった本はあれから毎日、寝《ね》る前に読んでいる。ぼくの興味《きょうみ》は操縦体験《そうじゅうたいけん》のほうへまっしぐらだった。

「へえ、そんなにすごいの?」

「ああ、本物《ほんもの》のコックピットが再現《さいげん》してあるらしいよ。川田に聞いてみな」

ぼくも行ってみたい! と思ったけれど、川田くんにはとても聞けない。

「うん……自分でしらべてみる。ありがとう！」

謙介兄ちゃんはまだいそがしかったのか、「またな！」と言って、すごいいきおいで走って帰っていった。

4

次の日は、朝からもうれつに暑《あつ》い日だった。

ぼくはスイミングスクールに行く前に、ゴロさんに会いに行った。

乾惕堂《けんてきどう》の外からなかをのぞいたら、いつもの黒い帽子《ぼうし》が見えなかった。ゴロさんがいないぞ。店のなかへ入って「こんにちは！」と言ったら、店のおくから「はい」と女の人の声がして、本棚《ほんだな》のうしろから、ぼくのおばあちゃんと同じ年くらいのおばあさんが出てきた。

「あのう、ゴロさん、じゃなくて、大地《だいち》さんは……？」

「あら、めずらしいお客《きゃく》さんだこと。いま、ちょっと出かけていますよ」

おばあさんはにっこり笑ってぼくのほうに歩いてきた。そうなんだ、とがっかりした。

「それなら、また来ます……」

「ぼく、お名前は？」

おばあさんは首をかしげてぼくを見た。

「天野乾太《あまのけんた》です」

「天野さんって、もしかしたら龍之介《たつのすけ》さんのところの乾太くんなの？」

おばあさんはおどろいた顔をして胸のまんなかで両手《りょうて》をくんだ。

「はい、そうです」

「わからなかったわ。大きくなって。このおばあちゃんのこと、おぼえてないわよね？　ゴロさんの奥《おく》さんよ」

と自分を指《ゆび》さして言う。この人はゴロさんの奥さんなんだ。ぼくはぜんぜんおぼえていなかった。

「うん……」

そのとき、店のとびらが開いて、ゴロさんが入ってきた。

「あ、おかえりなさい。ほら、あなた、天野さんのところの……」

「こんにちは」

とぼくが言うと、ゴロさんは横目でぼくを見て、

「はい、こんにちは。また来たのか」

と言って、だまって奥さんに紙ぶくろをわたした。あ、青空ベーカリーの紙ぶくろだ。

「あら、前にも来ているの？」

ゴロさんはそれには答えずスタスタと店のおくに歩いていく。

「そうです」

ゴロさんのかわりにぼくが答えた。

「そうなの。知らなかったわ」

それから、奥さんはわたされた紙ぶくろのなかをのぞいて、

「あら、おいしそう。このあいだ、おいしかったって言っていたパンね」

と言って、紙ぶくろのなかからとりだしたのはクリームパンだった。

「ああ、坊主《ぼうず》にもやってくれ」

奥さんは、ぼくに「これ、おいしいんですって。はい、どうぞ」とくれた。

「ありがとう」と言いながら、ぼくが教《おし》えたんだよって言おうとしたけれどやめた。

「おい、こっちへ来てすわれ」

とゴロさんに言われて、いつものようにノートを開《ひら》いてすわった。

店のうらのほうへ行った奥さんはすこしして、カラン、カランとすずしげな音をさせて、氷《こおり》の入ったお茶のポットとコップを運んできた。そしてゴロさんと、ぼくに「どうぞ」と言って、机《つくえ》の上に置《お》いた。ぼくはお礼《れい》を言って、お茶をゴクゴク飲《の》んだ。

「乾《けん》太《た》くんが来ているなんて、話してくれればいいのに」

奥さんがゴロさんに言うと、

「相談事《そうだんごと》があって一人で来たんだ。そういうときはこどもでも秘密厳守《ひみつげんしゅ》。おまえも言わないように」

ゴロさんは口に人さし指《ゆび》をあてた。秘密厳守《ひみつげんしゅ》か。ぼくが一人で教《おし》えてもらいに来たから
ゴロさんはお母さんに言わなかったんだ。

「あー、もう帰って大丈夫《だいじょうぶ》だよ、ごくろうさん」

と、ゴロさんが奥さんに言う。

「はい、はい。わかりました。じゃあ、乾太くん、おじゃまなようだから帰りますね」

奥さんはほがらかに笑いながら、手さげバッグをもった。

ぼくはじゃまなんて思っていないのに、やさしそうな奥さんがちょっとかわいそうで、

店の出入り口のほうまでいっしょに行った。

「さようなら」

「さようなら。また会いましょうね」

奥さんは乾惕堂《けんてきどう》を出たところで日傘《ひがさ》をさし、笑顔《えがお》で手をふりながら、帰っていった。

5

「さて、確乎不抜《かっこふばつ》のことばの意味を言ってみろ」

ゴロさんが店にひびきわたるような声で言った。ぼくはあわてていすにもどって、ノートを開いた。

「えっと、意志《いし》がしっかりとしていて動揺《どうよう》しないこと。動揺《どうよう》しないっていうのは……ゆらいだり、ぐらついたり、きもちが不安定《ふあんてい》になったりしないこと。確乎《かっこ》はしっかり、不抜《ふばつ》は固《かた》くて抜《ぬ》けないこと、移《うつ》せない、動かせないこと、です」

「うむ、いいだろう」

これであっていたんだ。ほっとした。

「杭《くい》のことも聞いてきたか」

「はい。杭《くい》は土のなかに打ちこむ柱《はしら》で……土に少し穴《あな》をあけて……ドンと立てて、大きなハンマーをもって」

口で説明《せつめい》できないから、ぼくはとちゅうから立ちあがって謙介《けんすけ》兄ちゃんがやってくれたことをまねして見せた。

「こうやって、ぐらぐらしないようにしっかりと打ちこんで立てるって教《おそ》わりました」

「ほお、そのとおりだ」

ゴロさんは腕《うで》ぐみをして、ぼくが杭《くい》打ちのジェスチャーをするのをおもしろそうに見ていた。

「あの、杭《くい》を立てることと、確乎不抜《かっこふばつ》のことばはかんけいがあるんですか？　潜龍《せんりゅう》の志《こころざし》のことじゃないかって謙介兄ちゃんが言っていましたけど……」

ゴロさんはコクリとうなずいて、

「志《こころざし》の意味《いみ》はわかっているか」

「はい、心にえがいたことをかならず実現《じつげん》するぞ、あきらめないぞって心に決めることですか？」

「そうだ。確乎不抜《かっこふばつ》は易経《えききょう》に書いてあることばで、『しっかりとして抜《ぬ》くことのできない志《こころざし》を立てる者を潜龍《せんりゅう》という』と書いてある」

「どういうことですか？」

「潜龍《せんりゅう》の夢とおまえが言っているのは、志《こころざし》のことだ」

夢じゃないの？　だから夢って言うときげんが悪くなったんだ。

「志《こころざし》はえがくとは言わないで、『志《こころざし》を立てる』と言う。杭《くい》を土のなかにふかく打つように、固《かた》く決意《けつい》して打ち立てるものだ」

志《こころざし》って、立てるものなのか。知らなかった。

「だからしっかりして、固《かた》くて抜《ぬ》けないって言うんだ……」

「ちょっとやそっとのことで、いち抜けた、とあきらめたりしない、ぐらつかない、しっかりとした志を打ち立てることが確乎不抜《かっこふばつ》の意味だ」

ゴロさんの声には力がこもっていた。きっと、大事なことなんだな。

「志《こころざし》を立てないと潜龍《せんりゅう》にはなれないんですか？　ぐらついていては潜龍《せんりゅう》にはなれないんですか？」

「あたりまえだ。自分の胸《むね》に杭《くい》を打つように、しっかりとした志《こころざし》を立てなくてはならんのだ」

思わず自分の胸に手をあてた。まだ、ぼくの胸には志《こころざし》は立ってない。まだそんな決意《けつい》ができていないな、と思った。

ぼくの頭には、暗《くら》い淵《ふち》で小魚《こざかな》に突《つ》つかれても、夢のたまごをしっかり胸《むね》に抱《かか》えている潜《せん》龍《りゅう》の姿がうかんだ。

「あの、ということは、志《こころざし》と夢って……ちがうんですか？」

おそるおそる聞いてみた。

ぼくは、夢はえがくものだと思っていたし、王様もそう言っていた。ゴロさんは夢って言うと、いつもぐっと、みけんにしわがよるけれど、今日はあまりきげんが悪くならなかった。

ゴロさんは腕《うで》をくんで、いすによりかかった。

「ん……、夢と言ってもかまわん。将来《しょうらい》を思いえがく想像力《そうぞうりょく》はひじょうに大切《たいせつ》だ。ただ、ばかにされたり、ちょっと失敗《しっぱい》したくらいで、ゆらゆら、ぐらぐらして、かんたんにあきらめたりするようではだめだ」

やっぱり、川田くんたちにパイロットになりたいってことを知られたくらいで、ゆらゆら、ぐらぐらしてはだめだってことなんだな。

ぼくは指揮者《しきしゃ》にえらばれたことでも、心がぐらぐらゆれている。ゴロさんに話したほうがいいのかな？　つぎの宿題にされないだろうか。

水泳の進級テストにうかることと、パイロットになることはかんけいがあるって、言われて、たしかにそうだったけれど、できないことをやれなんて言わないよね。

話したら、どうやってことわったらいいか、いい案《あん》を教《おし》えてくれるかもしれない。

「なんだ、なにか言いたいことがあるなら言え」

ゴロさんは、まるでなにもかもお見とおしのような目でぼくを見た。

「あの、じつは、花火大会の日のこども夏まつりで合唱することになって、その指揮者にえらばれちゃって、困《こま》っているんです」

「どうして困っている」

やっぱり言わなければよかったな、と思った。そうしたら、なんだか汗《あせ》が出てきた。でも、もう遅《おそ》い。

「指揮はへたくそだし、それに、合唱団にいる同じクラスの三人グループが、ぼくが指揮者をやることに賛成《さんせい》ではないんです」

「へたくそはしかたないが、どうしてなかまが賛成じゃないんだ」

ここまで話したら、川田くんたちにぼくの夢が知られたことも話さなくちゃならない。

「そのなかの一人の川田くんは、前からパイロットになりたいって言っていて、頭もよくて、スポーツもばんのうで、歌もうまいんです。川田くんが指揮者《しきしゃ》をやったらいいってみんな思っていて……」

「だれがおまえを指揮者にえらんだ」

「だれも立候補《りっこうほ》しないから先生がえらびました。でも、乾太《けんた》にできんの？　とか言われて。それに、川田くんたちにぼくもパイロットになりたいって言っていることがわかっちゃって、それも気に入らないみたいなんです」

「なんだ、先生がえらんだならいいじゃないか」

ゴロさんはあきれたような口調《くちょう》で言う。

「でも、指揮者はみんなをリードしなくちゃならないし、みんなが賛成《さんせい》じゃないなら、やりたくない。ぼくがことわれば、きっと川田くんがえらばれるからそれでいいんです」

「ほかのなかまも賛成《さんせい》じゃないのか」

「応援《おうえん》してくれる子もいるけど……でも、指揮者はできません」

ゴロさんに指揮者をやれなんて宿題を出されないように、ぼくはきっぱりと言った。きっと剛《つよし》とかなえちゃんは応援してくれる。だけど、これは能力の問題《もんだい》なんだからと自分に言い聞かせた。

ゴロさんはぼくの顔をじいっと、見ていた。ぼくはもう汗《あせ》びっしょりで、ガマガエルににらまれたイトトンボのようだった。

6

「まあ、お茶を飲《の》め」

ゴロさんは、ポットのつめたいお茶をコップにそそいでくれた。ぼくはゴクゴクッといっきに飲んだ。

「ならば、こう考えろ。それでもやるべきだと思ったらやれ。たのしくていいことだと思ったらやればいい。そうでないなら、やめておけ」

お父さんも同じようなことを言っていた。合唱《がっしょう》はぼくにとって、たのしくていいことに決まっている。だけど、指揮者《しきしゃ》はやりたくないのに、やるべきなんて思えないよ。ゴロさんはなにを言っているんだろう。

「やるべきって……どういうことですか？」

ぼくの質問には答えず、ゴロさんは机《つくえ》の上で両手《りょうて》を組《く》んで、ぼくのほうにぐいっと体を乗《の》りだすようにして言った。

「そのうえで言うが、おまえ、指揮者《しきしゃ》をやれ」

「ええ〜！」

言わなきゃよかった。予感《よかん》があたってしまった。

「やるべきというのは、いまはやりたくなくても、やらなくちゃならないと思うことだ」

ゴロさんの声はそれほどきびしくはなかったのに、ぼくは反抗的《はんこうてき》になってしまった。

「でも、できないのにどうしたらいいんですか！」

ぼくは立ちあがって、うったえた。すると、ゴロさんのみけんにふかいしわがよった。

この顔は何度《なんど》見てもこわい。

「いま、潜龍《せんりゅう》の話をしたばかりだろうが。龍の話のとおりにやればいい。パン屋の主人だって、最初《さいしょ》はへたくそだったんだろう」

龍の話のとおりに……そうだった！　突然《とつぜん》、抵抗《ていこう》するきもちがすーっと消えた。

「じゃ、指揮者をやることと、パイロットになることは、かんけいあるんですね……？」

ゴロさんは大《おお》いにかんけいがあると言うんだろうな。

「龍の話がほんとうかどうかと聞いたのは乾太《けんた》、おまえだ」

「はい」

初《はじ》めてゴロさんに乾太って呼ばれて、ぼくは思わず、気をつけした。

「いますぐパイロットの訓練《くんれん》ができるわけじゃない。だから、いまはやれることをやるときだ。龍の話に書いてあることをじっさいにやってみるチャンスがあるならやれ」

指揮者をやったら、龍の話がほんとうかどうか、たしかめられるって、ゴロさんは言っているんだろう。

「飛龍《ひりゅう》のきもちがわかるかもしれない、いい機会《きかい》だぞ」

と、つけくわえた。

飛龍《ひりゅう》のきもち？　そういえば、ぼくはゴロさんの宿題をやっていくなかで、潜龍《せんりゅう》や見龍《けんりゅう》、乾惕《けんてき》のきもちがすこしだけわかってきた。でも、躍龍《やくりゅう》と飛龍《ひりゅう》、それからなりたくないけど、空から落ちてしまう亢龍《こうりゅう》のきもちはまだわからない。

だけど、空を飛ぶ飛龍《ひりゅう》のきもちだなんて、とうていむりだ。ぼくは「はあ〜」っと大きなためいきをついた。そうしたらゴロさんのカミナリが落ちた。

「こどもがためいきなどつくんじゃない！　やるかやらないかは自分でよく考えろ」

「やらなかったら……もう来《こ》なくていい、ですよね……」

言われる前に、ぼくは自分で言った。言われるのはあまりにもつらかったから。

ゴロさんは打ち立てられた杭《くい》みたいにどっしりといすにすわって、だまってぼくを見ていた。ゴロさんの考えはとても抜《ぬ》けそうにないし、動かせそうにない。

ぼくはリュックをひろいあげて、奥さんからもらったクリームパンとノートをなかに入れた。もう、ゴロさんとはこれっきり会えないかもしれないなと思ったら、なんだかからだを早く動かせなくて、のろのろした。

ぼくがだまったまま、おじぎをしたら、

「龍《りゅう》は強くて前に進むんだ」

ゴロさんが、つぶやくように言った。

乾惕堂《けんてきどう》を出るとき、ゴロさんはやっぱり、「もう来《こ》なくたっていいんだぞ！」と、ガマガエルの声で言った。ふしぎだけど、ぼくの耳には「また来いよ」って聞こえるようになっていた。

潜《せん》龍《りゅう》になろう

1

ゴロさんに指揮者《しきしゃ》をやれと言われた次の日、合唱《がっしょう》の練習《れんしゅう》があった。ぼくは指揮の練習をするために、みんなより三十分早く文化センターに行くことになっていた。

合唱の練習に行くのがいやだなんて思ったのは初めてだった。

暗《くら》いきもちで家の玄関のドアを開けたら、剛《つよし》が立っていた。

「あれー！　剛、どうしたの？」

さっき、ぼくが一回だけ指揮の練習をやってみることにしたって電話したら、あとから行くって言っていたのに。

「やっぱ、一人で行くのつまんないから、いっしょに行こうと思ってさ」

剛の顔を見たらとたんに元気になって、スニーカーのつま先を地面《じめん》にトントンしながら、玄関《げんかん》を出た。

「電話くれたら、家によったのに」

「へへー、サプライズ！　びっくりしただろ？　かくれてたんだけどさ、まだかなと思って、見たら出てきちゃった」

「うん、びっくりした」

剛のおでこからは汗《あせ》がぽたぽた落ちていた。ずっとまっていたのかな。

ぼくはリュックのポケットから、凍《こお》らせてあった水のペットボトルをそっと出して、剛の首のうしろにピタッとつけた。

「つめてぇー！　やめろー！」

「サプライズ！」

剛は首をすくめて笑った。

文化センターの練習室には、水沢先生と、いつもピアノの伴奏《ばんそう》をしている佐野《さの》さんがまっていた。剛は練習を見ていると言って、パイプいすにすわった。

「じゃあ、さっそく始めようか。最初の立ちかたと手のふりかたからやろう」

ぼくは、今日一回、練習をしたら指揮者をことわろうと思っているのに、水沢先生はすごくていねいに教《おし》えてくれて、うしろめたいきもちになった。

こども夏まつりで歌うのは、前から練習している曲のなかから、先生がえらんだ「見上げてごらん夜の星を」と、ぼくたちが歌いたい曲を人気投票《にんきとうひょう》でえらんだ「君をのせて」の二曲だ。どっちもぼくの大好きな曲だ。

まず立ちかたの姿勢《しせい》、構《かま》えかたを教《おそ》わった。水沢先生は立ちかたも、手のあげかたもかっこよくて、先生がピッとして立つと、ぼくも背《せ》すじをピンとして先生を見た。

問題は手のふりかたなんだ。先生は、おへそのあたりに机《つくえ》があるようにイメージをして、そこにピンポン玉が落ちてはねるようにふると教《おし》えてくれた。

指揮《しき》は右手でふる。四拍子《よんびょうし》の一拍目《いっぱくめ》は胸《むね》からおへそへ、胸にもどしてつぎに左に二拍目《にはくめ》、右にふって三拍目《さんぱくめ》、次に上へともとの位置《いち》に手をもどして四拍目《よんはくめ》。基本はこのくりかえしで、リズムをとりながら、おなじテンポ（速さ）でふるのがむずかしいんだ。

「まずはおなじテンポ（速さ）でふれるようになろう」

最初《さいしょ》は水沢先生のかけ声に合わせて、つぎはメトロノームを使って練習する方法を教えてくれた。先生がいっしょに手をふってくれるあいだはうまくできるけれど、先生が手をとめてしまうと、ふりかたがみだれてしまう。

それから最後に佐野さんのピアノの伴奏《ばんそう》といっしょに歌いながら手をふってみた。

「剛《つよし》くんもちょっと来て、いっしょに歌ってよ！」

水沢先生が剛を呼んで、三人でいっしょに歌った。やっぱり歌うほうがたのしいけれど、指揮もいやじゃないな、とちょっと思った。指揮の練習はあっというまに終わった。

「乾太《けんた》くん、よろしくね！　わからないことがあったらわたしにも聞いて」

指揮の練習が終わってから、佐野さんが話しかけてくれた。

「うん……まだ、なにがわからないのかもわからないけど、よろしくお願いします」

と言ったら、

「大丈夫《だいじょうぶ》、大丈夫。がんばろう」

と両手をさしだして、ぼくとぎゅっと握手《あくしゅ》した。

佐野さんは中学二年生で、ぼくたちより一学年下の四年生のメンバーにしたわれている。メガネをかけたおとなしいかんじの人で、ピアノがすごくうまくてなんでも弾《ひ》けちゃうんだ。

ぼくはあまり話したことがなかったけれど、さっき、水沢先生にいろいろ質問《しつもん》していて、積極的《せっきょくてき》な人なんだなと思った。佐野さんの楽譜《がくふ》には、えんぴつでたくさん書きこみがしてあった。

2

合唱の練習時間が近づいて、メンバーが集まってきた。

川田くんはぼくと剛《つよし》に「よう！」と手をふったけれど、田中と宮崎はあいさつしても無《む》視《し》した。

かなえちゃんが「こんにちは！」と元気よく、練習室に入ってきた。ぼくと目があったから、手をふると、にこにこして手をふりながら、ぼくと剛のほうに来た。

「早く来て指揮《しき》の練習したんでしょう？」

かなえちゃんは赤いバッグから楽譜《がくふ》のファイルを出しながら言った。

「うん」

でも、きっと指揮者《しきしゃ》はやらないからそれ以上はなにも言えなかった。

「いいなあ、わたしもやってみたい」

「え、指揮者をやってみたいって思うの？」

「うん、だって、かっこいいじゃない」

そうなんだ。みんないやがると思っていたけど、かなえちゃんはそう思っているんだ。意外《いがい》だった。

「乾太《けんた》、かっこいいってさ！」

かなえちゃんがともだちのところへ行ってしまうと、剛はそう言って、ほっぺたをぐいっとあげて笑った。

3

練習が始まった。

「発声《はっせい》練習をする前に、先生がえらんだ曲の話をしますから聞いてください」

水沢先生はそう言って、みんなをいすにすわらせた。

先生は、歌詞《かし》の意味をぼくたちが理解《りかい》するために話をすることがある。その説明《せつめい》をするのかなと思った。

「こども夏まつりは今年で二回目ですけど、泰平川《たいへいがわ》の花火大会は、四十八年前から始まりました。この花火大会がどうして行われるようになったか、知っていますか？」

ほとんどの子が首を横にふった。ぼくも知らない。

「先生もまだ生まれる前、ちょうど五十年前の九月に、台風の大雨で泰平川の堤防《ていぼう》がこわれて、氾濫《はんらん》しました。このあたりでも、たくさんの家が水に流されたり、水につかって、多くの人の命《いのち》がうばわれてしまいました。町が復興《ふっこう》するまでには、長い年月がかかったそうです」

ぼくはおばあちゃんからも、学校の先生からもその話を聞いたことがある。

「泰平川《たいへいがわ》の花火大会は、災害《さいがい》の二年後、なくなった方々《かたがた》のたましいをなぐさめるため、町の復興《ふっこう》を願うために始まった花火大会なんです」

みんな、しんとなって聞いていた。

「先生は、家族を失《うしな》った方や、家を流されて被害《ひがい》にあわれたおじいさん、おばあさんの話を聞いてみました。そうしたら、当時、この『見上げてごらん夜の星を』という曲にとても元気づけられたと言っていたんです。

災害《さいがい》からちょうど五十年がたって、大きな災害があったことを忘《わす》れないためにも、心をこめて歌ってほしいと思ってえらびました」

お年寄《としよ》りの方たちに「この歌を歌う」と話したら、とてもたのしみにしていたと先生は言った。花火大会にそんな意味があったなんて知らなかった。

それからぼくたちは、夏まつりで歌う二曲の歌詞を音読《おんどく》してから、練習を始めた。

ぼくはいちばん前に立って、指揮《しき》をする先生とむかいあって指揮の手をふりながら、歌うよう水沢先生に言われた。手のふりかたはまあまあできたけど、メンバーにむかいあっていないのに、それだけでもはずかしかった。

練習が終わって、先生に呼ばれた。次の土曜日の練習も、三十分早くきて指揮の練習をするとさっき言われていた。

「乾太《けんた》くんの家にメトロノームはあるかな？」

「ないです」

「じゃ、これを貸《か》すから、家ですこし練習してみて。まず手をふるのになれることが大切だからね」

先生は曲が入ったＣＤも貸してくれた。それからメトロノームのセットのしかたを教《おし》えてくれて、さっきやったメトロノームにあわせて手をふる練習をもう一度すこしした。

メトロノームを入れたリュックを背《せ》おったら、ずっしりと重《おも》かった。あー、どうしよう。ことわりにくくなっちゃったな。ゴロさんの顔も頭にうかんできた。自分でよく考えろって言っていたけれど、どうしたらいいかわからない。王様に会えたらいいのに。王様はなんて言うだろう。

4

「あ、あいつら今日はいないな」

文化センターの玄関《げんかん》を出たとき、剛《つよし》は左右《さゆう》をきょろきょろと見ていた。ぼくはすっかり忘《わす》れていたけど、剛は川田くんたちがまた外でまっているかと思ったみたいだ。

「ほんとだ。よかったよ」

「公園によって帰ろうか？　ほら、おやつもってきた」

剛はおせんべいとミニケーキが入っているふくろを見せた。遠《とお》まわりになるけれど、公園の木陰《こかげ》を歩くほうがすこしすずしいんだ。

「うん、そうしよ」

だけど、公園のベンチで剛とお菓子《かし》を食べていたら、田中と宮崎が文化センターの方から歩いてくるのが見えた。

「あれ、田中と宮崎だ」

「きっと気づかないよ。気づいても無視《むし》、無視」

川田くんの姿は見えなくて、なんかいやな予感《よかん》がした。とおりすぎてくれたらいいと思って、そっちを見ないようにしていたけど、二人が近づいてきた。

「タンク、また食べてるのかよ」

川田くんがいないときの宮崎はたちが悪い。剛はなにも言わないで無視していた。

「乾太《けんた》、おまえ、へたくそだな。指揮者《しきしゃ》なんてむりじゃない？」

ぼくもだまってなにも言わなかった。「やめたら？」とか、いろいろ言ってきたけど、無視《むし》しつづけた。そうしたら宮崎がベンチに置いていた剛《つよし》のバッグをいきなりけった。楽譜《がくふ》のファイルがバッグから飛びだした。

「なにするんだよ！」

ぼくは宮崎にどなって、バッグと楽譜《がくふ》をひろって泥《どろ》をはたいた。

剛《つよし》はそれでも無視していた。剛はふだん、にこにこしているけれど、空手はめちゃつよい。一度、空手大会に応援《おうえん》に行ったとき、剛は自分より体が大きい相手にも勝って、準優勝《じゅんゆうしょう》したんだ。

剛とはぜったいけんかしたくないと思ったっけ。けりをするときなんて足が頭の上まで高くあがるんだ。宮崎はたぶん剛がすごいことを知らない。けんかになったら、ぜったい剛が勝つだろうとぼくは思った。

「剛、行こう」

ぼくはバッグを剛にわたして、自分のリュックをもった。先生のメトロノームが入っているから、けられちゃいけないと思った。宮崎はいつもよりしつこくて、それでもまだ、剛をからかった。

「おまえのタンク母ちゃん、ノシノシ歩いてたぞ」

「やめろよ！」

ぼくはそう言いながら、川田くんみたいに止めてくれと思って、田中を見たけれど、だまって立っているだけだった。田中は宮崎とぎゃくで、川田くんがいないとおとなしい。

剛は立ちあがって、両手のこぶしをぐっとにぎりしめた。

あんまりひどいから、ぼくは心のなかで、剛、やっちゃえ！　って思って顔を見たら、見たこともない、ものすごい目で宮崎をにらんでいた。その気迫《きはく》にひるんだのか、宮崎は、

「バーカ」と言って、やっとはなれていった。

歩き去《さ》っていく宮崎のうしろ姿はまるでハイエナみたいだった。

「やなやつ。剛、帰ろ」

「ちっくしょう！」

剛は顔を真っ赤にして、目もちょっとうるんでいたけれど、ぼくを見て笑った。

「ああ、よかった〜。あいつがなぐりかかってこなくて」

「そうしたら、けんかになってたよね」

ぼくはやられちゃうと思うけど、飛びかかって剛といっしょにたたかうつもりだった。

「乾太《けんた》があいつにやめろって言ったからがまんできた」

「やっちゃってもよかったかもよ」

ぼくは空手《からて》の突《つ》きのポーズをした。

「うん、でもさ、空手の先生から、けんかしちゃいけないって言われているんだ。もう教《おし》えてもらえなくなっちゃうから、ぜったいに守《まも》らないと。よっぽど身の危険《きけん》を感じたとき以外《いがい》は、だめだって」

それで剛《つよし》はがまんしたんだ。バッグもけられて、お母さんのこともからかわれたのに、すごいなと思った。ぼくが剛みたいに空手を習《なら》っていたら、飛びかかっていっちゃっただろうな。

「乾太《けんた》、宮崎とけんかしそうになったこと、言わないでくれる?」

「うん、わかった。秘密厳守《ひみつげんしゅ》な」

剛の家の前でわかれたあと、一人で歩きながら考えた。

剛はちゃんと先生の言うことを聞いて守っている。ぼくは水沢先生やゴロさんに教《おし》えてもらっているのに、指揮者をやれって言われても、言うことが聞けないでいる。

家に帰ってから、ぼくはメトロノームを机《つくえ》の上にセットして、自分で歌いながら、二曲を三回ずつ、練習した。剛が宮崎にからかわれないためにも、ぼくが指揮をうまくできるようになって、見かえさなくちゃと思った。

5

それでも次の練習《れんしゅう》の日も行きたくない、というきもちはかわらなかったんだ。

「乾太《けんた》、そろそろ練習に行く時間じゃないの？　早くしないと」

ぐずぐずしていたら、お母さんにせかされた。剛はぼくの指揮《しき》の練習につきあうと言ってくれたので、いつもどおり、ぼくは剛の家によってから文化センターに行った。

水沢先生は最初《さいしょ》の練習よりも、きびしくなった。初《はじ》めに曲の入りかたと終わりかたの指揮を教《おそ》わって、次に佐野さんのピアノにあわせて剛も歌い、練習した。

手をふりながら、もしかして、ぼくがいなくても佐野さんの伴奏《ばんそう》だけで歌えるんじゃないかな、なんて思っていたら、水沢先生がストップをかけた。

「腕《うで》がさがってる。このくらいでつかれちゃだめだ」

「はい」

自分でも手のふりかたがだらだらしているのがわかった。

「乾太くん、あんまりやる気がないのかな？」

水沢先生に気がむいてないことがわかってしまったんだ。

「……すみません」

「いつもみたいにたのしそうじゃないな、と思って」

下をむいたぼくの顔をのぞきこんだ。

「先生、あのさ、川田くんが連《つ》れてきた宮崎っているでしょ？」

剛《つよし》が水沢先生に話しかけた。先生は「ん？」と剛のほうを見て、ぼくも顔をあげた。

「あいつがさ、このあいだの練習の帰りに、へたくそだとか、むりだとか、やめたら？　とか、乾太《けんた》に言ったんだ。あんなこと言われたらテンションさがるよ」

「そうなのか……」

水沢先生はまたぼくを見た。

「先生はそうは思わないよ」

「そうかなあ」

「まだ自信《じしん》がないだけじゃないかな。最初はだれでもそうだ。練習すれば、だんだんうまくなるよ」

水沢先生はたのしそうな目でぼくを見た。初めて先生に会ったとき、「音楽はたのしいよ、自分だけじゃなく、聴《き》いている人もたのしくなるんだ」ってぼくに言った。それからずっと、ぼくはこのきらきらした目を見ると、魔法《まほう》にかけられたみたいに心がおどって、元気になる。

思わず、「はい、練習します」、ぼくはそう答えていた。

先生はもっと家で練習をして、とにかく同じテンポで手をふれるようになることが大切だと、最初《さいしょ》の練習のときと同じことを言った。

だけど、その日の晩《ばん》、もっとテンションがさがることがおきた。

すこしかぜを引いていた坤太《こんた》が、ぜんそくの発作《ほっさ》をおこして入院《にゅういん》したんだ。酸素《さんそ》マスクをつけられて苦しそうにしている坤太を見たら、ぼくも息が苦しくなるほど心配《しんぱい》でしかたなかった。

お盆《ぼん》休みに、家族でお母さんのいなかのおじいちゃんとおばあちゃんのところへ泊《と》まりがけで行くことになっていたけれど、お母さんは、おばあちゃんに坤太が入院したから行けないと電話をしていた。坤太は一週間くらい入院するかもしれないって、お父さんは言っていた。

お母さんは病院と家を行ったり来たりして、ぼくも昼と夜の二回、病院へ行った。

明日は訪問《ほうもん》コンサートの日で、その前にまた指揮《しき》の練習をすることになっていた。ぼくはそんな気分にはなれなかったから、「休んでもいい？」ってお母さんに聞いたら、指揮者の練習もあるんだから、ちゃんと行きなさいとしかられた。

6

訪問《ほうもん》コンサートの日、ぼくは指揮《しき》の練習をしに一人で文化センターへ行った。いつもの練習室よりも小さな部屋で先生と二人だった。特訓《とっくん》ってことばは知っていたけれど、これが特訓って言うんだろうな、というくらい、同じことを何度《なんど》もくりかえし、くりかえし、手をふりつづけた。

それからメンバーが集まってきて、すこしリハーサルをしてから、みんなで歩いて老人《ろうじん》施設《しせつ》「あさひ」へむかった。「あさひ」は、泰平川《たいへいがわ》に近い高台《たかだい》にあって、こども夏まつりの会場になる川の広場を見おろすところに建《た》っている。

みどりの芝生《しばふ》がひろがる川の広場にとおりかかったとき、

「ここで歌うんだね。野外《やがい》ライブみたいになるのかな」

「ステージをつくるって聞いたよ」

と、六年生の女子が言っているのが聞こえた。どんなステージでぼくは指揮《しき》をすることになるんだろうと思ったら、もう、胸《むね》がドキドキした。

今日は合唱団のもともとのメンバーだけで、こども夏まつりのために加《くわ》わった宮崎はいなかったから、ぼくも剛《つよし》もほっとしていた。

老人施設《しせつ》のホールで合唱の準備《じゅんび》をしていたら、

「宮崎が来てるよ」

トイレに行って帰ってきた剛がいやそうな顔で言った。

「なんで？　来たって今日の曲は歌えないでしょ」

「わかんない」

気づくと、宮崎はおじいさん、おばあさんと一緒にホールに入ってきていた。ぼくたちがそれぞれの位置《いち》について並《なら》んだとき、横に立つ川田くんに聞いてみた。

「なんで宮崎があそこにいるの？」

「ああ、となりにすわっている人、あれ、宮崎のおばあちゃん」

川田くんが指をさした方向《ほうこう》に、車いすにすわったおばあさんがいた。

「そうなんだ。おばあさんがここにいるんだ」

ずいぶん、年をとったおばあちゃんがいるんだな、と思った。

「病気でたおれちゃって、ここの施設《しせつ》に入ったんだって」

宮崎はおばあさんのそばにしゃがんで、なにか話しかけた。

「あれ、宮崎のおばあさんなんだって」

小さな声で左にいる剛《つよし》に言った。

「え、そうなの」

剛とぼくは宮崎がやさしく笑いながら、おばあさんと話しているのをしばらく見ていた。

「ふうん、いいとこあるじゃん」

剛がぽつりと言った。ぼくも同じことを思っていた。

ぼくたちは、「ふるさと」と「浜辺《はまべ》の歌」、「上を向いて歩こう」の三曲を合唱した。みんなすごくよろこんでくれたみたいで、なかにはハンカチやタオルを目にあてて、泣いている人もいた。

合唱が終わったあと、おじいさん、おばあさんといっしょにおやつを食べた。

宮崎ははなれたテーブルに宮崎のおばあさんといっしょにいた。

「花火大会の日もみんなで歌ってくれるんですってね」

同じテーブルのおばあさんに話しかけられた。

「そうです。あそこの川の広場で歌いますから見に来てください」

ちょうど、窓《まど》から見おろすところに川の広場がよく見えた。

「もう、わたしは歩けなくなっちゃって、出ていけないけれど、ここのバルコニーから聴《き》くわ。あれを歌うってさっき先生が言ってたわよね、見上げてごらん……」

「夜の星を、です」

そうそう、とおばあさんはうなずいた。

「わたしの大好きな歌。なつかしいわ、がんばってねえ、ありがとう」

もしかしたら、このおばあさんも洪水《こうずい》の被害にあったのかなと思ったけれど、聞けなかった。

「はい、がんばります」

ぼくは、おばあさんと両手で握手《あくしゅ》した。

帰るときに、近くにいたおじいさん、おばあさんたちとも握手した。かすれた小さな声で「ありがとう」「がんばって」と言ってくれる人もいた。剛も、川田くんや田中もみんなと握手していた。

ロビーで宮崎がおばあさんの車いすをおしている姿を見かけた。

「宮崎！　じゃあね」

と、川田くんと田中が声をかけた。ほかのメンバーも「またね！」「バイバイ」と言ったから、ぼくと剛《つよし》もいちおう、「じゃあね」と言った。宮崎はなにも言わず、みんなにぺこっと頭をさげただけだった。このあいだはハイエナみたいに見えたけど、今日はうしろ姿がなんとなくさびしそうだった。

「宮崎のお母さんは?」

川田くんに聞いてみた。

「仕事かも。あいつんち、お父さんがいないから」

川田くんはぼくとは目をあわさずに、そっけなく言って、田中と先に歩いていった。にくたらしい宮崎にそんな事情《じじょう》があったなんて、知らなかった。すこし複雑《ふくざつ》なきもちになった。

7

帰りに坤太《こんた》のようすを見に病院に行った。

坤太はまだ酸素マスクをしていたけれど、ぼくが行ったらピースサインをしたりして、だいぶ元気になっていた。よかった。

坤太のいない家はなんだかガランとして広くかんじた。いつもはうるさいなって思うこともあるのに、静《しず》かでつまらないから、メトロノームを鳴《な》らしたり、CDをかけて、ぼくは指揮《しき》の練習《れんしゅう》をした。

宮崎を見かえすために指揮《しき》がうまくなりたいと思ったけれど、今日の宮崎を見たらそんなきもちがなくなっていた。

それより、花火大会が始まった意味を知って、合唱をたのしみにしてくれるおじいさん、おばあさんと握手《あくしゅ》したら、ゴロさんが言っていた「やるべきと思ったらやれ、たのしくていいことだと思ったらやればいい」ということがわかってきた気がした。

8

坤太《こんた》が入院して四日目、夕方から合唱の練習があるから、午前中に坤太の病院へ行った。お母さんは買い物をするからと商店街へ行ったので、ぼくが先に病院へむかった。坤太の病室をのぞいたら、もう酸素《さんそ》マスクはしていなかった。坤太はベッドの上にすわって、お母さんがもってきたゲームに夢中《むちゅう》になっていた。

「あ、お兄ちゃん！　ねえ、カードゲームしようよ！　今日さ、朝ごはんぜんぶ食べたよ。それからね、……」

坤太はまだ息《いき》がゼーゼーしているのに、一度にいろんなことを話した。カードゲームであそんでいたら、看護師《かんごし》さんが来た。

「あら、お兄ちゃんが来てよかったね」

「うん、あのね、お兄ちゃんね、花火大会の日に合唱の指揮《しき》をやるんだよ」

坤太《こんた》がいきなりそんなことを言ったからおどろいた。

「へえ、すごいね。合唱団に入っているの？」

看護師《かんごし》さんは坤太の点滴《てんてき》のようすを見ている。

「うん、川の広場で合唱します」

「じゃ、それまでにはよくならなくちゃね」

「うん！　ぜーったい、なおる」

指揮者にえらばれた日に、ぼくが「いやだ！」とお母さんにさけんでから、坤太はなにも言わなかったけれど、ほんとうは楽しみにしていたんだ。それなのに、まだ指揮の練習はぜんぜんできていないし、がんばってもいない。

病院の帰り道、お母さんはすこしつかれているみたいだった。

「もう、退院できるかな？」

「そうねえ、もうすこしで退院できるといいけどね」

「夏まつりは来られるよね？」

お母さんはうーんと考えてから、

「きっと大丈夫よ」

と言った。

「きっと」って、きっと、ぼくが指揮《しき》をがんばってやれば、坤太も元気になると思った。へたではずかしいとか、川田くんたちが賛成《さんせい》していないとか悩《なや》んで、やりたくないと思っていたけれど、もうぼくだけのことじゃないんだ。

指揮をやるぞ、やらなくちゃならないと思った。そうしたら胸がゴン、ゴンとして、まっすぐ杭《くい》が立った気がしたんだ。ぼくはようやく、潜龍《せんりゅう》のきもちになった。

前に、前に進《すす》もう

1

その日の夕方の練習では、先生が指揮《しき》をするのをよく見た。見龍《けんりゅう》のきもちになって、よーく見ようと思ったら、こまかい動きまで見えてきた。先生の手は羽《はね》が飛んでいるように動いて、まるでメトロノームみたいに正確だった。ぼくは手をふるときにブンブンふるからずれてきてしまうと、先生に言われた。

先生は、手をふる上下、左右に点を想像《そうぞう》して、いつもおなじところに手がもどるようにって、最初《さいしょ》に言ったことを、もう一度、教《おし》えてくれた。それがまねできるようになったら、リズムに乗って、ずれずにふれるようになった。

それから歌をもりあげるところは大きく手をふって、やさしく歌うところは手を小さくふって、強弱を伝《つた》えることを練習した。

「うん、大丈夫だ。今日から指揮をやってみよう」

「え、もう？」

「とにかくリズムを正確《せいかく》にふるだけでいいからね」

合唱の練習が始まって、まず先生が二曲を一回ずつ、指揮をした。ぼくは先生のまむかいで手をふりながら、先生の指揮を必死《ひっし》に見て、観察《かんさつ》した。

「じゃ、乾太《けんた》くん、やってみようか」

まんなかに立って、みんなとむかいあってみたら、視線《しせん》が集まって、ちょっと緊張《きんちょう》した。

「最初に、さあ、これから歌いますよって、みんなをしっかり見て」

先生はぼくのとなりに立って、いつもやるように右手を胸《むね》のところにあげてから、首だけふってみんなの顔をはしからはしまで見た。ぼくはそれをまねした。

ぼくが手をふりおろしたら、佐野さんがピアノを弾《ひ》きはじめた。伴奏《ばんそう》が終わって歌いだしは両手《りょうて》を使って合図《あいず》する。合図したら、みんながそろって歌いだした。

「いいよ、そのまま。メンバーをよく見て」

水沢先生は、声をのばすところや、それぞれのパートが入るところだけを左手で合図した。ぼくにはまだそんなことができる余裕《よゆう》はなかった。

初めての指揮《しき》が終わった。

「うん、いいよ。みんなは、どうだった？」

水沢先生が聞くとみんなは、うん、とうなずいた。ちょっとほっとした。

だけど、とちゅうで何回か、とまどったところがあって、先生が助けてくれた。終わりの合図で手をくるっとまわすところもできなかったし、まだまだだった。

先生は指揮をしながら、低《ひく》い声、高い声で歌う人、それぞれのパートが入るときにわかりやすく合図《あいず》をしたり、声をのばすところは、うっとりした顔をして左手をのばす。

そんなことができるかなと思ったけれど、ぼくは、王様が言っていたように、とにかく先生のまねをしてそっくりさんになろうと思った。

ぼくはちょっと思いついたことがあって、練習のあとで水沢先生に聞いてみた。

「ぼく、先生そっくりにできるようになりたいんです。それで、先生がお手本《てほん》の指揮をしているところを動画《どうが》に撮《と》ってもらってもいいですか？　そうすれば家でももっと練習できるから」

水沢先生はそれを聞いて、パンっと手をたたいた。

「それはいい案《あん》だね！」

「じゃ、お母さんにたのんでみます！」

帰りじたくをしながら、メンバーと「じゃあね」「またね」とあいさつをして、川田くんたちにも「じゃあね」と言ったら、三人とも無視《むし》だった。

「なんか、またかんじ悪いね。休憩室《きゅうけいしつ》でお菓子《かし》食べて帰ろうか」

剛《つよし》はまたなにか言われるといけないと思ったんだろう。

「そうだね」

「べつにこわくないけどね」

ニッと笑って、バッグをもった。

剛と休憩室で水を飲みながら、お菓子を食べた。今日の練習は時間がいつもより長かったから、もう六時近くになっていた。そろそろ帰ろうと、ろうかに出たとき、むこうからゴロさんが歩いてきたんだ。

「あっ！」

ぼくはびっくりして、あわてて休憩室にもどって壁《かべ》にピタッと体をつけてかくれた。剛もぼくにつづいてきて壁に体をつけた。

「なに、なに？　どうしたの？　あいつらがいた？」

「ううん、ちょっとかくれてて」

休憩室の入り口からそっとろうかをのぞいたら、ゴロさんにまちがいなかった。こっちにむかって歩いてきている。どうして、ここにいるんだろう。

かくれていたら、ろうかのほうから、

「大地《だいち》先生！　こんばんは」

という女の人たちの声が聞こえた。大地先生？

「おお、こんばんは」

と、いつもよりやさしいガマガエルの声でゴロさんもあいさつしている。なにか、話している声がした。だんだん声が大きくなって、

「先生、今日はこのあいだのつづきからですよね」

と女の人が言ったとき、休憩室の入り口をゴロさんたちがとおりすぎていった。ろうかをのぞいたら、ゴロさんたちはおくの部屋に入っていった。

「剛《つよし》、ちょっとまってて」

ぼくは忍者《にんじゃ》みたいにそっとろうかを走って、その部屋のドアを見た。

「易経《えききょう》を読んで学ぶ」　講師《こうし》　大地雷蔵《だいちらいぞう》

とはり紙がしてあった。講師って、教える人のことだよね、と思いながら、ドアのガラス窓からそうっとなかをのぞいてみた。学校の教室みたいに机《つくえ》が並べてある部屋で、ゴロさんは先生の席にすわっていた。

へえ、やっぱりゴロさんが先生なんだ……。そういえば、多くの人に易経《えききょう》を知ってもら

いたいって言ってたな。

夢中《むちゅう》でのぞいていたら、急にゴロさんがホワイトボードのほうに立ちあがって、ぼくと目があった気がした。ぼくはあわてて頭をかくして、頭を低《ひく》くしたまま、走って休憩室《きゅうけいしつ》にもどった。

「だれ？　知っている人？」

剛はわけがわからないようすだった。

「おじいちゃんのともだち」

「なんでかくれたの？」

「うん、びっくりして、なんとなくさ」

ゴロさんに会うとは思ってもみなかった。プールのときもびっくりしたけれど、まさかゴロさんが文化センターに来てるなんて。そういえば、指揮者《しきしゃ》をやることに決めたんだから、べつにかくれなくてもよかったんだ。

2

「お母さん、先生が指揮《しき》をしている動画《どうが》を撮《と》ってほしいんだけど」

坤太《こんた》のことでいそがしいのはわかっていたけれど、家に帰ってからお母さんにたのんでみた。お盆《ぼん》休みで練習もお休みになるから、その前の練習のときに動画《どうが》が撮《と》れたら、家でも練習ができると思った。

「うん、いいわよ。まかせて」

とお母さんははりきっていたけれど、撮影《さつえい》する日は病院で坤太のお医者さんと話があって、かわりに剛《つよし》のお母さんが来てくれた。

練習が終わったあと、剛のお母さんはジュースのさしいれをみんなにくばった。悪口《わるぐち》を言った宮崎も「ありがとう」と言って、うけとった。剛のお母さんは、宮崎になにか話しかけていた。

「撮影《さつえい》してもらった指揮《しき》のとおりにできたら百点だよ」

水沢先生は、わかりやすく、ぼくがまねしやすいように考えて指揮をしたと言っていた。

「乾太《けんた》くん、動画《どうが》を見て練習するんだ」

佐野さんが話しかけてくれた。

「うん、パートの合図《あいず》もできるようになりたくて」

「それなら動画を見ながら、楽譜《がくふ》にしるしをつけておぼえるといいよ」

と教《おし》えてくれた。

3

坤太《こんた》は、お父さんがお盆《ぼん》休みに入る前の日に退院《たいいん》した。すごく元気になって、あばれるから心配《しんぱい》なくらいだ。

ぼくが、剛《つよし》のお母さんが撮《と》ってくれた動画《どうが》を見ながら、まねして練習していたら、坤太もとなりでまねしはじめた。ぼくはとにかく、王様に教《おそ》わったとおり、見てまねすることをくりかし、くりかえし練習した。

洗面所《せんめんじょ》の鏡《かがみ》の前で、先生のうっとりする表情《ひょうじょう》をまねしていたら、お父さんが洗面所に入ってきて、「どうしちゃったんだ?」と、ぼくを見てあきれていた。

くりかえすうちに、動画を見て、まちがえないでまねができるようになった。次の日は、CDの音だけを聞いて先生を見なくてもできるように、練習しはじめたら、一人じゃぜんぜんできなかった。また動画を見ておぼえて、音だけ聞いて一人でやってみることをくりかえし練習した。

お盆《ぼん》休みの最後の日に、ぼくはゴロさんに指揮者《しきしゃ》をやることにしたと言いにいこうと思って、乾惕堂《けんてきどう》へ自転車を走らせた。

店の前に行ったら、ガラスとびらのむこうにカーテンがしてあって、このあいだ、ゴロさんがはっていたへんてこな字のはり紙がしてあった。

「あ、そうだ、休みだ」

なあんだ、とがっかりした。カーテンのすきまからなかをのぞいてみたら、店のなかにはだれもいなくて、しんと静《しず》まりかえっていた。

なかまとともに

1

お盆《ぼん》休みが終わって、最初《さいしょ》の練習の日、ぼくはパートの合図《あいず》もすこしできるようになった。先生はすごく練習したねとほめてくれたけれど、実際《じっさい》には動画《どうが》のお手本を見てできていたことの半分くらいしかできなかった。

ぼくがまちがえると、メンバーもとまどったような顔になる。川田くんと田中と宮崎は、歌っているときにぼくの指揮《しき》を見なかった。

「歌いにくいよ」

帰りがけに田中が、ぼくに聞こえるように言った。

「そんなことないよ」

かなえちゃんとともだちの綾《あや》ちゃんが聞いていたみたいで、帰っていく田中を見ながら怒《おこ》っていた。こども夏まつりのために参加したかなえちゃんや、宮崎も自分のパートをすっかりマスターしていた。

「うん、でもいいよ。まだまちがえてるから」

きもちがへこんだけど、そのとき、ゴロさんが「龍は強くて前に進むんだ」って言ったことを思い出していた。落ちこんでいられない。どこができていないか、よく反省《はんせい》して考えないといけない。

佐野さんが教《おし》えてくれたことを思い出して、楽譜《がくふ》に、まちがえやすいところや各パートが入るところにしるしをつけ、それを見ながら練習し、また動画《どうが》のお手本《てほん》を見て、をくりかえした。

次の練習までにはお手本を見なくても、まちがえずにできるようになってきた。

水沢先生は、手をふるときは下に強くおろすのじゃなく、上にはねあげるようにしたほうがみんなにわかりやすいと、ぼくが気づかないところをなおしてくれた。

「乾太《けんた》くん、すごいよ、ほぼ、先生と同じようにできてる」

佐野さんが、書きこみをしてあるぼくの楽譜を見ながら言った。

「乾太くん、これからは練習もいつも本番《ほんばん》のつもりでやってみよう」

メンバーとの練習が始まる前に、水沢先生に言われて、ちょっとプレッシャーだった。

がんばって、先生みたいにうっとりする顔もしてみたら、みんなふきだして、笑った。

2

練習が終わってから、文化センターを出るときに、今度は宮崎が
「おまえ、きもいよ」

と、ばかにして笑いながら言ってきた。

「乾太《けんた》を見なくてもおれたち歌えるから、見なきゃいいよ」

川田くんまでそんなことを言ったから、ショックだった。

「なんだよ、おまえら」

聞いていた剛《つよし》が怒《おこ》って三人の前に出ていこうとした。まずい、と思って剛のTシャツを引っぱったそのとき、すーっとかなえちゃんが前に進んでいった。

「ねえ、川田くんも宮崎くんも、田中くんもさ、ぜんぜんいっしょにやろうって気がないけど、それでいいの？」

川田くんたちはぽかんとした顔でかなえちゃんを見た。

「三人とも指揮《しき》を見てないって、みんな言ってるわよ」

「おまえ、乾太のこと好きなんだろう」

宮崎がにやにやして言ったら、かなえちゃんはキッとして宮崎のほうをむいた。ポニーテールがピョンとはねてゆれた。

「そういうくだらない恋愛感情《れんあいかんじょう》にすりかえないでくれる？」

おとなみたいな言いかたで、宮崎はなにも言いかえせなかった。

「わたし、乾太《けんた》くんとずっと水泳のなかまなのよ。合唱《がっしょう》ってもっとなかまが大事《だいじ》なんじゃないの？　三人が協力的《きょうりょくてき》じゃないから、みんなやりにくいって言ってるわよ」

「べつにかんけいないよ」

川田くんが言った。

「かなえちゃん、もういいよ！」

ぼくはなにかあったらたいへんだと思って、止めた。

「川田くんは歌がうまくてかっこいいって、みんなから聞いてたのに、ちっともかっこよくないじゃない！」

かなえちゃんはさらに言った。

「そうよ、かっこよくない。みんなで力をあわせないと！」

「川田くんが歌を引っぱっていってくれると思っていたのに！」

綾《あや》ちゃんやまわりに集《あつ》まってきた六年生の女子たちも、声をそろえて川田くんに文句《もんく》を言った。

「どうしたの？」と佐野さんが飛んできて、川田くんたちと女子のあいだに入った。

「おれたち、たじたじだよな。女子パワーすごいな」

剛《つよし》が小さな声でささやいた。ほんとうに川田くんたちも、ぼくたちもたじたじだった。

「わかったよ」

川田くんはめんどうくさそうに言って、帰っていった。

「みんな、ごめん。ぼくが先生のまねしようと思ってへんな顔したからさ」

ぼくはみんなにあやまった。

「ううん、たしかに先生がこういう顔すると、声がすーって出しやすい」

六年生の女子の一人がまねするとみんなが笑った。

「乾太《けんた》くん、もう一度、外でやってみたら？」

佐野さんが言った。文化センターの庭でみんなが歌ってくれて、ぼくが指揮《しき》をした。顔をうっとりさせるところにくると、みんながお腹《なか》をかかえて笑《わら》った。ぼくも大笑《おおわら》いした。

もう一回、もう一回って何度かやって、みんなが笑わなくなった。

「いま、先生の顔にそっくりだった」

「うん、できてた」

かなえちゃんが言ったようになかまって大事《だいじ》だなって思った。

でも、川田くんたちは次の練習に来《こ》なかった。水沢先生は、連絡《れんらく》もなかったけど、どうしたんだろうって首をひねっていた。本番《ほんばん》まであと一週間だった。

3

本番前《ほんばんまえ》の最後の練習の日、

「乾太《けんた》、どうしても行くの？　ほうっておこうよ」

剛《つよし》がぼくのうしろからはあ、はあと息《いき》を切らせながら言った。

「いや、行かなくちゃだめだ」

ぼくと剛は早めに家を出て、川田くんの家にむかう坂道《さかみち》をのぼっていた。ぼくは心のなかで、「龍は強くて前に進む」とくりかえしていた。ぼくはあれから反省《はんせい》した。あんなことになる前に、ぼくたちと川田くんたちがもっと仲《なか》よくしていなければならなかった。

よく考えて、今日はどうしても来てもらわないと、と思って、呼《よ》びにきたんだ。川田くんの家について、まよわずインターフォンを鳴《な》らした。

「はい」

と女の人の声がした。お母さんだろうと思った。

「こんにちは。川田くんのともだちの天野乾太《あまのけんた》です」

「はい、ちょっとまってください」

まっていたら、川田くんが玄関《げんかん》から出てきた。

「なに？」

川田くんはおどろいたみたいだった。

「むかえにきたんだ。合唱の練習に行こう。田中も宮崎も呼びに行こうよ。みんな三人がいないと困《こま》るって言ってるよ。ぼくも困る」

「ほんとうだよ、水沢先生も心配《しんぱい》してるよ」

剛も応援《おうえん》してくれた。

「うん……わかったよ。あとで行く」

「かならず来てよ。田中も宮崎も連《つ》れてきて」

川田くんはOKサインをした。

ほんとうに来るかなと文化センターでまっていたら、三人はちゃんとあらわれた。

女子たちは、「来た、来た！」と、キャーキャーよろこんで、「やっぱり川田くんたちがいないとしまらないよ」と、川田くんをとりかこんだ。

「女子ってわかんないな〜」

剛はメトロノームみたいに首を右、左にかしげた。

水沢先生は、佐野さんに「なにかあったの？」と聞いていた。

メンバーがそろっての練習は今日が最後で、あとは本番《ほんばん》前のリハーサルしかない。

みんなの前に立ったら、ぼくは、みんながきもちよく歌えるようにがんばらなければと思った。手をあげたら、川田くんたちもぼくを見た。その日の合唱はいままででいちばんよかった。ぼくが何カ所か、もたついたことをのぞいては。

ぼくと剛は練習のあとも残って、水沢先生と最後の練習をした。指揮《しき》をしているとき、練習室の窓に、黒いものがちらっと見えたような気がした。

「OK！」

終わったとき、水沢先生と佐野さん、剛が拍手《はくしゅ》をしてくれた。

「先生、大丈夫《だいじょうぶ》かな？」

「大丈夫！　自信《じしん》をもって」

ぼくは当日のことを考えたら、なんだかトイレに行きたくなった。

「ちょっと、トイレに行ってきます」

ろうかに出ようとしたら、また黒いものが窓に見えた。あ！　あれは帽子《ぼうし》だ。走ってていくと、ろうかを急《いそ》ぎ足で歩いているゴロさんがいた。ぼくは追《お》いかけた。

「ゴロさん！　ぼく、指揮者《しきしゃ》やるよ！」

と大きな声で言った。ゴロさんは聞こえないふりをして、スタスタ歩いていく。

「いま、のぞいてたくせに！」

そうさけんだら、ゴロさんの足がぴたっと止まった。わ！　怒《おこ》ったかも。

「おまえだってのぞいていただろう」

ゴロさんがふりむいて言った。あちゃ、のぞいていたの、ばれていたんだ。

ぼくはこのあいだ、乾惕堂《けんてきどう》に行って、伝えたかったことがあった。

「泰平川《たいへいがわ》の花火大会の日、合唱の指揮《しき》をするから、見に来てください！　川の広場で五時三十分からだよ！　奥《おく》さんもいっしょにね！」

ゴロさんはうむ、とうなずいて手をあげた。そして、またスタスタ歩いておくの部屋に入っていった。

飛龍《ひりゅう》のきもち

1

こども夏まつりの当日、お母さんは朝早くから出店《でみせ》で売る、おいなりさんをつくりに、坤太《こんた》を連《つ》れて剛《つよし》の家に行った。ぼくと剛は、できあがったステージを見に、川の広場へ行ってみた。

思ったより大きなステージで「こども夏まつり」と書かれた大きな横断幕《おうだんまく》もかかってい
た。出店のテントもたくさん立っていた。今年はゲームのコーナーもあるらしい。

こども夏まつりは午後二時から花火が始まるまでで、ぼくたちは昼からステージで一回、リハーサルをする。

まだ時間があるから家に帰ったら、だれもいなかった。お父さんも準備《じゅんび》にかりだされて出かけていた。しんとした家に一人。もう、不安で不安でしかたなくなっちゃったんだ。

そうしたらお腹《なか》がいたくなってきて、タオルケットをかぶって横になった。落ちつかなくて、お守《まも》りに易経《えききょう》の本を胸《むね》に抱《だ》いて丸《まる》くなった。

だめだ、きっと失敗《しっぱい》する。川田くんたちとも仲《なか》よくなれたわけじゃないし、あんな大きなステージでできないよ。

ゆうべもあまりねむれなかったせいか、そのうち、うとうとしてきた。

すると目の前にもくもくする雲が見えた。目をこすっても、こすっても雲ばっかり見える。そうしたらその雲が龍の形にかわった。あ！ っと思ったら、

「乾太《けんた》、元気か。ずいぶんがんばったのう」

「え？」

龍の雲がきえて、にこにこした王様があらわれた。

王様は、「ごきげんよう」と言って、ゆっくりとおじぎをした。

「あっ、王様！ こんにちは」

ぼくもおじぎをしてあいさつした。

「会いたかった！ 聞きたいことがいっぱいあって」

「わしはずっと乾太を応援《おうえん》していたぞ。龍があちこちにいただろう？」

王様はぼくにウィンクした。

「はい、いろんな人に話を聞いて、みんな龍の話のとおりに夢をかなえたり、夢にむかっていました」

「どうだね？　龍の話はほんとうだろう？」

王様はぼくを見ていたんだな、と思った。

「はい」

「指揮《しき》の練習もがんばったな」

「でも、いよいよってなったら、自信《じしん》がなくなっちゃった」

王様はフォ、フォ、フォ！　と大きな声で笑った。

「いまの乾太は、淵《ふち》に落ちた躍龍《やくりゅう》のようじゃの」

ぼくは暗《くら》い淵《ふち》で落ちこんでいる躍龍《やくりゅう》の姿を思い出した。

「合唱をたのしみにしている人がおおぜいいるようだ。みんな歌を聴《き》いたらよろこぶだろうな」

「はい、施設《しせつ》のおじいさんやおばあさんも、きっと、たのしみにしてくれている」

王様はうん、うんと満足気《まんぞくげ》にうなずいた。

「しっかり指揮して、歌でめぐみの雨をふらせなさい」

「え、めぐみの雨？」

「そうだ、歌は人の心をうるおす雨だ」

そうか、ぼくは飛龍《ひりゅう》のきもちにならなくちゃいけないんだ。

「乾太《けんた》、おまえならやれるぞ。躍龍《やくりゅう》のように風に乗《の》って飛びあがるのじゃ。そうしたら、パイロットの夢もはっきり見えるようになるだろう」

「はい、がんばります」

「では、応援《おうえん》しておるぞ」

王様はぼくの頭をポンポンと元気づけるようにやさしくさわった。

「もう、帰っちゃうの？」

「そろそろ時間だ。あ、そうじゃ、乾太、一つ伝言《でんごん》してほしいことがある。引きうけてもらえるかな？」

「はい、もちろん」

「龍の国の龍は何本《なんぼん》の爪《つめ》があったか、おぼえているか？」

「おぼえているよ！　ぼく、数えたんだ。一つの足に五本の指《ゆび》があって、五本の爪《つめ》がついていました」

ぼくは手で龍の爪《つめ》の形をまねして見せた。

「よし、よし。それを乾太のおじいさんたちに伝えてほしい。たのんだぞ」

「はい、わかりました。かならず伝えます！」

王様はゆっくりとおじぎをして、また、雲のなかに消《き》えていった。

2

「乾太《けんた》！　乾太！　なにしてんの！　ぐあいでも悪いの？」

お母さんがぼくをたたきおこして、おでこに手をあてた。

「え？　なに、なに？」

「リハーサルの三十分前に集合《しゅうごう》でしょう。もう五分すぎているわよ。いないから心配《しんぱい》して見に来たら……なんともないじゃない。早くしなさい！」

そのとき、ピンポーンとインターフォンがなった。お母さんは「早く行きなさい！」と言って玄関《げんかん》へ行った。

お母さんと入れかわりに、ドタドタドタと、いきおいよく二階へあがってくる足音《あしおと》が聞こえた。

「乾太！　大丈夫か？」

剛《つよし》が部屋に飛びこんできた。つづいて、川田くんとかなえちゃんが入ってきた。

「みんな乾太くんがいないと歌えないって言ってるよ！」

かなえちゃんは息《いき》を切らせていた。

「乾太、いろいろ言ってごめんな！　どんどん指揮《しき》がうまくなって、ちょっとやきもち焼《や》いたんだ。宮崎と田中もゆるしてやって」

川田くんが、ぼくに顔を近づけて言った。

「みんな、心配《しんぱい》かけてごめん。緊張《きんちょう》してちょっとお腹《なか》がいたくなって、横になったらねむっちゃったんだ」

「もう、行かないと、乾太、早く！」

剛はぼくの腕《うで》を引っぱった。ぼくたちは階段《かいだん》をかけおりた。

四人で自転車をこいで会場にむかうとき、風がぼくの背中《せなか》をおしている気がした。リハーサルにはぎりぎりでまにあった。

3

夕方になって、泰平川《たいへいがわ》が黄金色《こがねいろ》にかがやきはじめた。ぼくたちの出番《でばん》はもうすぐだ。こども夏まつりの会場はおおもりあがりで、人がひしめきあうように集まっていた。

みんな、「ドキドキするね」「大丈夫《だいじょうぶ》、大丈夫」と言いながら、ステージへとあがった。階段のところに水沢先生がいて、一人ひとりに声をかけていた。ぼくはいちばんあとにステージへあがることになっていた。

合唱団《がっしょうだん》を紹介《しょうかい》するアナウンスが流れた。

「練習どおりにやればいいんだよ。いっしょうけんめいにやってきたから、きっとうまくいく」

水沢先生は目をきらきらさせて、元気をいっぱいくれた。ぼくは、ステージのまんなかに立って、会場のほうをむいた。さっき会いにきてくれた王様のまねをして、ゆっくりとおじぎをした。

ふう、っと息《いき》をはいて、みんなの方をむくと、いつも見たことのない顔で緊張《きんちょう》していた。ぼくは、ゆっくりとみんなの顔をはしから見て、一人ひとりと目をあわせてから、心のなかで言った。

(すこし、ゆれることがあっても、ぼくたちのハーモニーの運行《うんこう》には、まったく影響《えいきょう》ありません)

水沢先生から笑《わら》っちゃいけないと言われていたけれど、手をあげたとき、もう一度みんなを見て、先生みたいなきらきら目になっているといいなと思いながら、ちょっぴりほほえんだら、みんなもちょっぴりほほえんだ。それを合図《あいず》のように、ぼくは手をふりおろした。佐野さんのピアノがうつくしい音色《ねいろ》をかなでた。

ぼくたちはみんな、呼吸《こきゅう》をあわせて、いっしょうけんめいに歌った。ぼくはいっしゅん、みんなと心が通《つう》じあっているきもちがした。

二曲目の「見上げてごらん夜の星を」のとちゅうから、会場の人たちもいっしょに大合唱している声が聞こえてきた。施設《しせつ》のおじいさん、おばあさんにもよく聞こえるように、ぼくは大きく指揮《しき》の手をふった。

演奏《えんそう》があっというまに終わって、会場からたくさんの拍手《はくしゅ》が聞こえた。歌でめぐみの雨をふらせることができただろうか。

ステージをおりたら、水沢先生がハイタッチの手をさしだした。パチンといい音がして、われにかえった。

「よかった、すばらしかったよ〜！　乾太《けんた》くん、ほんとにがんばった」

みんな抱《だ》きあって、よろこんでいた。剛《つよし》とハイタッチしたら、川田くんも来た。田中も宮崎もにこにこしながら、ハイタッチした。かなえちゃんともパチンと手をあわせた。

「かなえちゃん、このあいだはすごかった。かっこかわいかった。ありがとう」

と言ったら、

「乾太くんもすごくかっこよかったよ。指揮者やって、乾太くん、とってもおとなっぽくなった」

かなえちゃんは首をかしげてさわやかに笑った。恋愛感情《れんあいかんじょう》がないのはざんねんだけどさ。

4

みんなそれぞれ、夏まつりの会場へちらばっていって、ぼくと剛《つよし》も人ごみをぬけて、お母さんたちがいるところへ行こうと歩きだしたとき、ドンと人にぶつかった。

「あ、ごめんなさい」

「おう」

あれ、ガマガエルの声？　見上げたら、ゴロさんだった。

「ゴロさん！」

ゴロさんのとなりに奥《おく》さんもいた。

「こんにちは！　来てくれて、ありがとうございます」

「すごかったわ。ほんものの指揮者《しきしゃ》みたいだったわ」

奥さんがぼくの肩《かた》に手をかけてほほえんだ。

「ゴロさん、ぼく、パイロットになる！　かならずなる。だから、またお店に行っていいですか？」

そう言いながら、涙《なみだ》がぽろぽろ出た。ようやく夢のたまごをもてた気がしたんだ。

「乾太《けんた》、泣《な》いてんの？」

ぼくはめったに泣かないからとなりで剛があわてていた。

「男が人前《ひとまえ》で泣くんじゃない」

ゴロさんに言われて、ぼくはグイッと腕《うで》で涙《なみだ》をふいた。

「いつもおじいちゃんにも言われてるよ。でも、いろいろあったんだ。潜龍《せんりゅう》になって、見《けん》龍《りゅう》になって、乾惕《けんてき》になって、躍龍《やくりゅう》にもなったのかな、飛龍《ひりゅう》のきもちにもなれたのかどうか……どこから話していいのかわからないよ」

「まあ、今日は泣いてもよし。よくやった」

ゴロさんは王様みたいにやさしくぼくの頭に手をのせた。

「大丈夫《だいじょうぶ》だよ、ほめられてもちゃんと反省《はんせい》しますから！」

そう言ったら、ゴロさんはニカッとして、ガッ、ハッハ！と笑った。

「あ、いた、いたよ！お兄ちゃん」

坤太《こんた》が人ごみのあいだから顔を出した。だれかの手を引っぱっていた。人をかきわけて、あらわれたのは、なんと、おじいちゃんだったんだ。

「乾太、すごかったなあ、おどろいたよ」

「あー！　おじいちゃん？　帰ってきたの？」

おばあちゃんと、お父さん、お母さんも来た。

「乾《けん》太《た》をおどろかそうと思って、ないしょにするのたいへんだったのよ。乾太が指揮《しき》をするって話したら、見たいってお休みとって帰ってきてくれたの」

　お母さんが話してくれた。

　おじいちゃんはぼくのとなりのゴロさんに気づいて、すごくびっくりした顔をした。見ると、ゴロさんも同じ顔をしていた。

「ゴロちゃん！」

「たっちゃん……」

　二人は顔を見あわせて、それ以上、なにも言わなかった。

　ゴロちゃん？　たっちゃん？　そんなふうに呼《よ》んでいるんだ。

「おじいちゃん、ぼくさ、易経《えききょう》の本にはさんであった手紙を読んで、ゴロさんのところへ行ったんだ。それで龍の話のいろんなことを教《おし》えてもらって、指揮者ができたんだ」

「え、ほんとうなのか？」

うん、とぼくはうなずいた。なかなか近づこうとしない二人のうしろから、おばあちゃんはおじいちゃんを、ゴロさんの奥《おく》さんはゴロさんを、にこにこしながら、ほら、ほらと前におしだした。なんかやっぱり、仲《なか》よくなかったみたいだ。

「いや、乾太が世話《せわ》になって、すまん。タイに行くときに、わたしに万《まん》が一《いち》のことがあったらと思って、ゴロちゃんのところへ行くように手紙を書いた。まさか、そんなに早く行くとは思わなかった」

「おおいに迷惑《めいわく》だったよ。乾太はたっちゃんにそっくりだ。ハッハッハ！」

お父さんとお母さんはきょとんとしていた。あとでおじいちゃんから話してもらおう。

そのとき、花火がドーンとあがった。

遠くの空にいっしゅん、飛龍《ひりゅう》の姿が見えた気がした。

エピローグ

1

こども夏まつりの次の日、ぼくは航空博物館《こうくうはくぶつかん》へ行った。

ハルがいっしょに行こうってさそってくれたんだ。お父さんとお母さんは、がんばったごほうびに行ってきていいと言ってくれた。あ、ハルっていうのは、川田くんのこと。みんなで花火を見ているときに、ハルが言ったんだ。

「おれだけみんなに川田くんって〝くん〟づけされてさ、なんだかいつもいちばんになってなくちゃいけないって思って、苦しかったんだ。むかしは名前の晴孝《はるたか》のハルって呼《よ》ばれてたんだ。だから、乾太《けんた》も剛《つよし》もこれからはそう呼んでくれないかな？」

「うん、わかった。ハル」

「ハルか、かっこいいな」

宮崎はミヤ、田中は純《じゅん》って、呼んでと言った。ミヤも合唱団に入ることになり、合唱団の五年の男子、みんないっしょに航空博物館に行って、ほんものそっくりのコックピット

で操縦体験《そうじゅうたいけん》をしたんだ。エンジンをかけて、滑走路《かっそうろ》を走って離陸《りりく》するとき、とりはだが立つほど興奮《こうふん》した。

ぼくとハルはパイロットになるために、いいライバルになろうって約束した。

剛はやっぱり、空手家になりたいって言っていた。ミヤが「料理人じゃ、どんどん食べて太るだけだ」とからかったけれど、剛は「うるせー」って笑って、みんなも笑っていた。

ミヤと純は、将来、バンドをやりたいんだって。純は歌がうまくなりたいから、合唱団に入って、ミヤはギターを練習していると言っていた。

ミヤのお母さんと剛のお母さんはむかし同級生《どうきゅうせい》で、ミヤのおばあちゃんがたおれてからずっと、剛《つよし》のお母さんは、「お母さんが仕事で遅《おそ》くなるときは、うちにごはんを食べに来なさい」って、さそっていたんだって。だから今度、剛の家にごはんを食べに行くって言っていた。剛は困《こま》った顔をしたけど、「ま、いいか！」とほそい目をもっとほそくして笑っていた。

ぼくたちが仲よくなってよかったけれど、ちょっと不安《ふあん》なのは、みんな、かなえちゃんをかわいいって言っていたことだ。ライバルがいっぱいになっちゃった。

2

おじいちゃんとゴロさんは……。

おじいちゃんは四日間の休みしかなくて、帰る前の日の晩《ばん》、ゴロさんはうちに遊びに来た。お父さんも、お母さんも、おばあちゃんも、ひさしぶりだから二人にしておいてあげようって言って、おじいちゃんの部屋で、二人で話していた。

でも、しばらくして、部屋からどなり声が聞こえてきたんだ。

「あれ、また始《はじ》まったかなあ」

お父さんが心配《しんぱい》そうに部屋のほうを見て言った。

「せっかく仲《なか》なおりしたと思ったのに、また？」

お母さんが言うと、おばあちゃんも、

「どうしてこどもみたいになるのかしらね」

と、あきれたように言った。

「やっぱり、けんかしてたの？」

と聞いたら、おばあちゃんが、

「仲がよすぎて、ささいなことでけんかしたのよ」

と話してくれた。聞いたら、六十歳《さい》の還暦《かんれき》のおいわいに、画家《がか》の人に龍の絵をかいてもらうことになったんだって。そうしたら、おじいちゃんは龍の爪《つめ》は三本、ゴロさんは四本だってゆずらなくて、けっきょく、おじいちゃんは三本、ゴロさんは四本でかいてもらって、それから二人は意地《いじ》をはって会わなくなっちゃったらしい。

ぼくはそれを聞いて、王様からの伝言《でんごん》を思い出したんだ。おじいちゃんたちって、だれかなと思ったけど、おじいちゃんとゴロさんのことだったんだ。ということは、二人は王様に会ったことがあるのかな？

「ちょっと、ぼく行ってくる」

みんなは止めたけれど、ぼくは部屋のドアを開けて入っていった。

「だから、龍の爪《つめ》は三本にまちがいない！」

「いや、四本だった！　龍の国で見たんだ！」

「おぼえてないって言っていたじゃないか！」

「たっちゃんだっておぼえてないって言っていたぞ！」

二人はぼくが部屋に入ってきたことも気づかずにどなりあっていた。だからぼくも負けずに、大きな声で、

「おじいちゃん、ゴロさん、龍の国の龍の爪《つめ》は五本だよ！」

と言ったら、二人は「え！　五本？」と目をまんまるにしていた。

「そういえば、龍の話はゴロちゃんが乾太《けんた》に教《おし》えたんだろう？」

「いいや、たっちゃんが教《おし》えたんだろう？　知っていたぞ」

二人はまた、「えー！」とさけんで顔を見あわせて、次にぼくをまじまじと見た。

「まさか、乾太、おまえも……龍の国に行ったのか？」

「そう、おじいちゃん、ゴロさん、ぼくはちゃんと飛龍《ひりゅう》の爪《つめ》を数えたよ」

手で龍の爪のまねをして見せた。

「乾太！　わしにその話を聞かせろ」

ゴロさんが言うと、

「いいや、わたしに聞かせなさい」

とおじいちゃんも言った。

「仲《なか》よくしないと、話さないよ！」

ぼくは部屋を出て、みんなのいる居間《いま》へ走っていった。

「こら、乾太！」

「まて！　こっちへ来て話しなさい」

二人が追《お》いかけてきたから、ぼくは逃《に》げまわったんだ。お父さんとお母さんはぼくが二人を怒《おこ》らせたと思って、あわてふためいていた。

そのうちに、おじいちゃんとゴロさんは「いや、まいった！　ワッハッハ！」と二人で肩《かた》を組《く》んで笑《わら》いだした。そのようすを見ていたみんなも笑いだした。

（王様、おじいちゃんたちにちゃんと伝えたよ）

ぼくは心のなかでつぶやいた。これでもう、二人はもとどおりの仲《なか》よしにもどれるね。

3

夏休みの最後の日、ぼくは書き終えたばかりの作文をもって乾惕堂《けんてきどう》へ行った。ゴロさんに作文を見せて、なんて言われるか、ちょっとこわかったけれど読んでもらいたかった。

「なんだ、また来たのか」

あいかわらずゴロさんは、にこりともせず、ぼくが初《はじ》めて乾惕堂《けんてきどう》を訪《おとず》れたときと同じようにじろりとにらんだ。

「あの、夏休みの宿題で出た『将来《しょうらい》の夢』っていう作文を書いたんです」

ぼくは、ゴロさんに原稿用紙《げんこうようし》をさしだした。

「読んでいいのか？」

「はい」

ゴロさんが作文を読んでいるあいだ、店のなかはしーんとして時間が長く感じられた。

作文は、「ぼくの夢はパイロットになることです」と始まって、パイロットになりたいと思ったきっかけの機長《きちょう》さんのアナウンスのことを書いた。

ぼくはあのときの機長さんみたいに、旅行《りょこう》に行く人や、家族やともだちに会いに行く人、仕事で出張《しゅっちょう》する人、みんなが安心《あんしん》して目的地《もくてきち》につけるように、安全《あんぜん》な飛行《ひこう》ができるようになりたい。

それから、航空博物館《こうくうはくぶつかん》で操縦体験《そうじゅうたいけん》をしたときのことも書いたんだ。

操縦体験はどきどきしたけれどたのしくて、パイロットの夢がはっきりと見えた気がした。だけど、とても責任《せきにん》のある、たいへんな仕事なんだなと思った。

あとで操縦《そうじゅう》について教えてくれた係《かかり》の人に「どうしたらパイロットになれますか?」と聞いたら、パイロットになる道はいろいろあるけれど、航空《こうくう》大学に入るといいと教《おし》えてくれた。やっぱり試験《しけん》はむずかしくて、大学に入れるのは受験《じゅけん》する人の十分の一くらいだと言っていた。

家に帰ってから、「ほんとうにパイロットになれるかな」とまた不安にもなった。

だから、ぼくは作文の最後に、

パイロットになる夢は、ぼくにとってはとても大きな夢です。いまはなにもできないけれど、ぼくはかならずパイロットになると心に決めました。

「かならずなるぞ!」と心にドンとくいを立てるように決意《けつい》することをこころざしというそうです。これは易経《えききょう》に書いてある龍の話から教わったことです。こころざしを胸《むね》に夢をかなえていきたいです。


と書いた。

「ふむ、よく書けているな」

ゴロさんが顔をあげて、そう言ったからほっとした。

「それで、おまえは潜龍《せんりゅう》になったと思うか？」

「えっ……？」

作文を書いて、ぼくはもうすっかり夢のたまごを抱《だ》いた潜龍《せんりゅう》のきもちになっていた。

「自分でどう思うかと聞いているんだ」

ゴロさんに聞かれてとまどった。潜龍《せんりゅう》になれたのかどうかはわからない。でも、いまのぼくは、パイロットになる夢にむかって、前よりも強いきもちがもてていると思った。

「パイロットの夢をもてたと思ってます。だけど、潜龍《せんりゅう》になれたかは自分ではわからないです」

正直《しょうじき》に答えた。

「ゴロさんは……どう思いますか？　ぼくは潜龍《せんりゅう》になれたでしょうか？」

ゴロさんはぼくの目をじっと見た。

「うむ、力のあるいい目になってきた。だが、まだまだだ」

「えー！　まだかあ……」

がっくりしたけれど、たしかにまだ夢のたまごをようやく手にしたばかりだ。

「いまのきもちを保《たも》っていけ。大きな夢はほうっておくとどんどんしぼんでいくんだぞ」

「えっ、しぼむ？　どうしたらいいですか？」

「まだ勉強することは山ほどある。またなにかあったら、ここへ来ればいい」

そう言ったあと、ゴロさんはしまった、という顔をして、

「いや、もう来《こ》なくてもいいぞ！」

と、あわてて言いなおした。ぼくは乾惕堂《けんてきどう》を出るとき、大きな声で
「また来ます！」

とゴロさんに言った。


とってもいそがしくて、充実《じゅうじつ》したぼくの夏休みはこうして終わった。

ぼくは龍の話のとおりに、しっかりと志《こころざし》をもって、パイロットになる道を進んでいこうと思う。

「龍の話が教《おし》えているとおりに前に進んでいけば、きっと夢を実現《じつげん》できる」って、おじいちゃんもゴロさんも口をそろえて言っていた。ぼくはまだまだ勉強中。

夢をえがいて、潜龍《せんりゅう》になろう！　では、またね。

おわりに

「夢をかなえるためにはどうしたらいいんだろう?」

「夢にむかってがんばっているけれど、なかなかうまくいかない」

そう思ったときは、本書《ほんしょ》で紹介した易経《えききょう》の龍の話を思い出してみてください。

易経の龍の話には、龍の成長《せいちょう》にたとえて、夢をかなえるためのいちばんの近道《ちかみち》が書かれています。これは夢をあきらめないで成長していくための道でもあります。

その第一歩が、潜龍《せんりゅう》のように、「いつかかならず、飛龍《ひりゅう》になるぞ」と、夢を大きく育てること。想像《そうぞう》をできるかぎり大きく、大きくふくらませて、まるで実現《じつげん》したかのようにはっきりと思いえがくことです。

この本では「夢をもつ」と言ってきましたが、易経では、「志《こころざし》を立てる」と教えています。

夢をかなえるためには、まず、夢を志《こころざし》に変えることが大きな一歩です。杭《くい》をしっかりと土のなかに打ちこむように、志《こころざし》が立ったならば、あなたは潜龍《せんりゅう》になります。

潜龍《せんりゅう》の志《こころざし》は、人の目には見えないきらきらした光をはなっているものです。やがてその光が外にもれだして、その志《こころざし》に気づく人があらわれます。

龍の話のなかでもいちばん大切なのは、潜龍《せんりゅう》の志《こころざし》なのです。

私は志《こころざし》を立てたときを「潜龍元年《せんりゅうがんねん》」と呼んでいます。そして、「いつも潜龍元年《せんりゅうがんねん》」と自分に言い聞かせてきました。いつも志《こころざし》をぴかぴかにみがいておくために、私が考えた言葉です。

ゴロさんが乾太《けんた》に「いまのきもちを保《たも》っていけ。大きな夢（志《こころざし》）はほうっておけばしぼんでいくんだぞ」と言っていましたね。

志《こころざし》はつねにメンテナンスが必要《ひつよう》なのです。

大きな志《こころざし》を実現《じつげん》するためには、一歩一歩、前に進んで、見龍《けんりゅう》になり、乾惕《けんてき》になり、躍《やく》龍《りゅう》になり、そして飛龍《ひりゅう》になるという段階《だんかい》をふんでいくことが大切です。大きな志をかなえるには、長い年月がかかるのです。

その途中《とちゅう》には、よろこびだけでなく、苦しいこと、つらいこと、壁《かべ》にぶつかることがあるでしょう。いっしょうけんめいやってもチャンスがこない、才能《さいのう》がないと落ちこむこともあるかもしれません。

そんなときは、志《こころざし》を忘れないように、見失《みうしな》わないように、そしてあきらめないように、

「いつも潜龍元年《せんりゅうがんねん》」と心でとなえ、志《こころざし》をみがきつづけていってください。

きっと天から飛龍《ひりゅう》があなたの成長を応援《おうえん》してくれるでしょう。

龍の話がほんとうかどうか？　それは龍の話のとおりにやってみればわかります。乾太《けんた》のように、はじめは習い事や、スポーツの上達《じょうたつ》などに役立ててください。

そして五年後、十年後に、龍の話を読みかえしてみてください。また新たな気づき、発見があるでしょう。

二〇一七年二月
竹村亞希子

お父さん、お母さん、そして易経を初めて読む方へ

私は、易経《えききょう》の講演や出版の活動をとおして、難解な易経をどうすれば易しく伝えられるかを考えてきた一研究家です。そしていつか、わかりやすくて、おもしろい、子ども向けの易経の本を出版したいと思っていました。

とくに龍の話は、紹介したあとで「この話をもっと若いころに知りたかった！」と言われることがよくあって、たしかに若いころから知っていたなら、役に立つことも多く、歩む道筋も違ってくるだろうと思いました。

易経には六十四個の物語が書かれていて、これを「六十四卦《か》」といいます。それぞれに名前がつけられていて、龍の話は「乾為天《けんいてん》」といい、易経のいちばん始めに書かれています。龍の話は単純明快で、易経のなかでもっともわかりやすい話ですから、易経の入門としても最適の入り口となっています。

易経はほとんどがたとえ話で書かれていて、龍の話もたとえ話です。龍の成長になぞら

えて、夢（志）を実現するためのいちばんの近道、最強の成長論が書かれています。

龍の話は、志を立てる潜龍《せんりゅう》、師に見習う見龍《けんりゅう》、日々努力と反省を繰り返す乾惕《けんてき》、跳躍を試みる躍龍《やくりゅう》、空を飛び雨を降らせて志を実現する飛龍《ひりゅう》、驕り高ぶった亢龍《こうりゅう》、と六段階の変遷をたどります。

これを自分自身の成長過程に摺《す》り合《あ》わせていくことで、いまなにをすべきかを知ることができます。本書のなかでゴロさんが、「龍の話が本当かどうかは、やってみなければわからない」と、乾太《けんた》に教えていますが、易経は頭で考えるだけでなく、実践してこそ価値のある教えになっています。

お父さん、お母さんにもぜひお読みいただいて、お子さんがいま、どの成長段階にあるのかを、一緒に考えてみてください。なぜ、伸び悩んでいるのか、壁にぶちあたったときはどのように乗り越えたらいいのか、その対処法を知るヒントにもなるでしょう。

また、お子さんの成長を通して、お父さん、お母さんがご自身で易経を学ぶきっかけになればとも思います。

おことわりしておきたいのは、本書はお子さんたちにたのしく、わかりやすく読んでいただきたいと考えての解釈、脚色を少々してあります。

たとえば、六匹の龍が登場しますが、そのなかで乾惕《けんてき》と躍龍《やくりゅう》という呼び名は易経には書かれていません。理解しやすいように私が名づけ、解釈もわかりやすくしてあります。また、龍が抱いている玉、「夢のたまご」や龍の爪の話をしていますが、これも易経には書かれていません。後世になってから龍の像としてつくられたものです。その点、ご理解いただきますようお願いいたします。

「子どものための易経本を出版したい」と、編集担当者の内田朋恵さんにお話ししたとき、すぐに「ぜひ、出版しましょう」と返答をくれました。内田さんに担当していただく易経本は本書で三冊目です。私の易経解説をよりわかりやすく伝えるために尽力してくださる良き理解者です。

内田さんには今年、小学六年生になる息子さん、中学一年生になる甥御さんがいて、二人にも本書の原稿を読んでもらいました。子どもたちにわかりやすい本にするために、意見や感想、疑問点がとても参考になりました。

易経は陰陽の思想に基づいていますが、強くて前に進む龍は陽の話です。陽の力を発揮するためには、かならずその裏側で陰の力を働かせなければなりません。このつぎは、再び乾太《けんた》とゴロさんに登場してもらって、陰の話の本を出版する予定です。

易経の講演、出版の活動をはじめて四十数年になりますが、学者ではない私が評価されてきたのは、難解な易経をわかりやすく解説しているからだと自負しています。

本書の共著者である都築佳つ良さんは、書き手としての私の後継者と思っています。

一九九九年に出会い、本の編集協力を依頼した当初は、「私にできるでしょうか?」と、とまどっていましたが、龍の話の講演テープを繰り返し聴いて、「ああ、龍の話の通りにやっていけばいいんですね」と、学び始めたのです。都築さんはこれまで、乾太《けんた》のように龍の成長段階にしたがって易経を勉強してきました。龍の話を実践したからこそ、たった十八年で易経の理解を深め、成長したのです。

最後に、いつも励ましてくださるセミナーや講座の受講生のみなさん、応援や協力をしてくださる多くの方々、ご縁のあったすべての方々に感謝いたします。

本書へのご感想、ご批評を頂くことが出来ればとても嬉しく思います。

二〇一七年二月

竹村亞希子

著者略歴

竹村亞希子（たけむら・あきこ）
易経研究家。東洋文化振興会相談役。1949年名古屋生まれ。中国古典「易経」を、占いでなく古代の叡知の書としてわかりやすく紹介。全国の企業、官庁で講演やセミナーを開催している。ＮＨＫ文化センター（名古屋）の「現代に生きる『易経』入門」講座は、易経全文を読むのに14～15年かける。
著書に『超訳 易経　陽――乾為天――』『超訳 易経　陰――坤為地ほか――』（共に新泉社）、『人生に生かす易経』『「易経」一日一言』易経CDシリーズ『易経講座 竹村亞希子講演録（全５巻）』『易経講座２「逆境をいかに生きるか」（全５巻）』（全て致知出版社）、ほかに日経ｅブック『江守徹の朗読で楽しむ易経入門』シリーズでは声の解説者としてもおなじみ。

都築佳つ良（つづき・かつら）
フリーライター。1962年東京生まれ。
編集プロダクションにて広告、出版に携わり、のちにフリーに。宗教、思想哲学の分野に興味を持ち、1999年より易経研究家・竹村亞希子氏に師事。易経の奥深い教えに魅了され現在に至る。竹村亞希子氏著書『リーダーの易経――時の変化の道理を学ぶ』（PHP エディターズ）、『リーダーの易経――「兆し」を察知する力をきたえる』『超訳・易経――自分らしく生きるためのヒント』（共に角川SSC新書）、『超訳 易経　陽――乾為天――』『超訳 易経　陰――坤為地ほか――』（共に新泉社）にて、編集協力、ライティングを担当。

こどもと読む東洋哲学

易経　陽の巻

夢をもつってどういうこと？

2017年3月25日　第1版第1刷発行
2024年4月23日　第1版第5刷発行

著　者　竹村亞希子　都築佳つ良

発行者　株式会社　新泉社
東京都文京区湯島1-2-5　聖堂前ビル
電　話 03（5296）9620
ＦＡＸ 03（5296）9621

印刷・製本　萩原印刷株式会社

ISBN 978-4-7877-1706-1　C0095